마 가 복 음
베드로전후서
강 —— 해

PETER'S PORTRAIT OF JESUS
A Commentary on the Gospel of Mark
and the Letters of Peter
by J. B. Phillips

This Korean edition is published by arrangement with
Church House Publishing,
the publishing arm of the Archbishop's Proprietor of the Church of England.

Korean translation edition ©2025 by ABBA BOOK HOUSE,
Republic of Korea.

All rights reserved.

이 한국어판의 저작권은
Church House Publishing과 독점 계약한 아바서원에 있습니다.
신 저작권법에 의하여 한국 내에서 보호받는 저작물이므로
무단 전재와 무단 복제를 금합니다.

Peter's Portrait of Jesus

마가복음 베드로전후서 강해

J. B. 필립스 지음 | 이현호 옮김

아바서원

일러두기

본문에 사용된 한글 신약성경은 《필립스 신약성경》(아바서원),
구약성경은 개역개정판(대한성서공회)입니다.

목차

서문
—
7

마가복음
—
21

베드로전서
—
217

베드로후서
—
269

서문

'익숙함은 경멸을 낳는다'라는 옛 속담이 있다. 그러나 우리가 어떤 장소나 사물, 사람에 지나치게 익숙해진다고 해서 반드시 경멸이 생기는 것은 아니다. 오히려 그러한 익숙함은 일종의 무관심, 심지어 가치에 대한 맹목을 낳을 가능성이 더 크다. 명확하게 볼 수 없고 확신 있게 평가할 수 없는 이러한 종류의 무능력이 특히 마가복음으로 알려진 짧은 그리스어책에 대한 우리의 접근 방식에도 적용된다. 이 책은 너무나 쉽게 구할 수 있고, 여러 언어로 번역되어 있으며, 대부분 사람이 어려서부터 익숙하게 접해왔기 때문에, 우리는 이를 그저 '신약성경의 일부'로 치부하고 그 가치를 제대로 평가하지 못했을 뿐만 아니라 어린아이처럼 미숙한 마음으로 대하였다.

  그렇지만 마가복음은 사실 우리가 보유하고 있는 가장 초기의 기독교 선전물(propaganda)이며 그 진위성을 부인하는 사람은 거의 없다. 물론 이것이 최초로 쓰인 기독교 문서는 아니다. 바울 서신 몇 편은 이 작은 책보다 10년 이상 먼저 기록되었다. 하지만 마가복음은 첫 번째 선전물이다. 이 '선전'(propaganda)이라는 단어의 본래 의미가 전쟁에서의 용례, 흑색선전의 언어, 정치적 압박 등으로 인해 훼손되어버렸다. 사실 이 단어 자체는 긍정적인 뉘앙스도, 부정적인 뉘앙스도 없다. 라틴어 어원에 의하면 씨 뿌릴 때 씨앗들이 마치 사방으로 흩날리는 것과 같이, 단순히 여러 곳으로 확산하는 것을 의미하고 있다. 이 마가복음은 초기 기독교가 예수 그리스도의 삶과 가르침을 전파할 수 있는 형태로 정리한 최초의 시도라 할 수 있다.

마가가 기록한 자료 대부분은 베드로의 회상과 기억에 의존한 것이 확실하다. 이러한 주장은 소아시아 브루기아의 주교였던 파피아스(Papias)의 기록에 처음 나타난다. 그는 주후 132년경 다음과 같이 기록했다. '베드로의 통역인 마가는 비록 예수 그리스도의 가르침과 행적을 순서대로 기록한 것은 아니었으나, 베드로가 기억하였던 하나하나를 빠짐없이 받아 적었다.'

같은 세기 후반에 리옹의 주교 이레니우스도 '베드로의 제자요 통역자 마가'에 대해 언급한다.

그다음 세기 초에 카르타고의 터툴리안은 복음서의 권

위에 대한 글에서 다시 마가를 베드로의 통역자로 언급한다.

가이사랴 출신의 교회 역사가 유세비우스는 3세기 말과 4세기 초반의 저술을 통하여 다음과 같이 기록하였다. '지나치게 겸손하였던 베드로는 복음서를 쓰지는 않았지만, 그의 가까운 지인이자 수행자였던 마가가 예수님의 행적에 관한 그의 설교를 토대로 회고록을 만들었다는 것은 이미 알려진 사실이었다.' 그리고서 얼마 지나지 않아 유세비우스는 '마가복음의 모든 내용은 베드로의 이야기에 근거하여 기록된 회고록으로 보인다'라고 기록하였다.

우리에게 잘 알려진 인물인 제롬은 5세기 초반에 다음과 같이 기록했다. '베드로의 제자요 통역자인 마가는 로마에 있는 형제들의 요청에 따라 복음서를 간략히 기록하였는데 이는 베드로의 증언을 토대로 한 것이었다. 이 복음서는 베드로에게 낭독되었을 때 비로소 그 권위가 입증되었고, 교회에서 읽히도록 공표되었다.'

이러한 초기 증언들을 의심할 이유는 그 어디에도 없다. 베드로의 사도적 권위는 마가복음의 정통성을 지지하였고 짧은 시간 내에 이 책은 교회 안에서 정통한 복음서로서 굳게 자리를 잡았다.

그렇다. 마가는 베드로가 이야기해 준 모든 증언을 자료로 모았다. 물론 그는 한 권의 책으로 완성하기 위해 이 자료들을 펼쳐 놓고 어떻게 배열할지 적지 않게 고민했었을 것이다. 하지만 여전히 이 책의 권위는 철저히 어부 출신 사도인 베드로에게 있다. 마가는 베드로가 직접 목격했다고 확신할 수 있는 증언을 사용하고 있다.

《살아 움직이는 어린 교회》(The Young Church in Action)가 처음 출간되었을 당시, 그 안에는 사도행전 번역본 외에 몇 개의 설교문이 부록으로 추가되었는데 그중 하나는 오순절 성령강림절에 베드로가 한 설교였다. 이 설교는 사도행전 2장에 요약된 내용의 번역이 아니라, 보다 확장된 형태였다. 베드로가 설교를 예화로 설명하거나 논지를 발전시켰을 가능성이 있는 부분에서는 마가복음의 내용을 추가하여 보완하였다. 그 확장된 설교를 자세히 읽어보면 그 자료들이 얼마나 놀랍게 들어맞는지 알 수 있다. 이는 분명히 한 사람이 강론한 훌륭한 설교문이다. 이 한편의 설교문 자체가 바로 마가가 복음서를 기록할 때 베드로의 증언에 의존했다는 추가적인 증거이다. 또한, 마가복음 곳곳에는 '그들'이라는 표현이 모호하게 사용된 구절이 많다. 그런데 이 단어를 '우리'로 바꾸면 이야기 전체가 더욱 명확해진다. 마가가 복음서를 기록할 때 베드로의 증언을 받아 적었다면, 본래 이야기에는 '우리'가 많이 등장했을 것이고, 이를 복음서로 작성하는 과정에서 '그들'로 바꾸었을 것이다. 어쩌면 마가복음은 베드로의 기록일 수도 있다. 이 복음서는 주후 65년경에 기록된 최초의 복음서이다.

이 복음서의 문체는 간결하고 압축적이다. 전달하려는 메시지를 과감하고 직접적으로 표현하지만 불필요한 언어는 제외하고 있다. 이는 아마도 마가의 성품일지도 모르지만, 우리는 그곳에 있었을 베드로의 존재를 느끼지 않을 수 없다. 로마 네로황제의 박해 때문에 베드로가 순교하였다고 감안해 본다면, 이 복음서는 체포와 죽음의 위협 속에서 기록되었을 가능성이 크다.

수년 동안 많은 그리스도인은 예수 그리스도의 재림이 임박했다고 믿었다. 그들은 자신들이 살아있는 동안에 영광 가운데 다시 오실 예수님의 재림을 기다렸다. 그러나 세월이 흐르고 공동체의 지도자들이 죽거나 순교하면서 즉각적인 재림에 대한 희망은 점차 희미해졌다. 그때부터 예수 그리스도의 가르침과 행적을 보존하기 위하여 빨리 기록으로 남겨야 한다는 것이 분명해졌다. 예수님을 가까이에서 알았던 제자들은 급속히 세상을 떠나고 있었다. 위기는 화마가 로마를 폐허로 만든 64~65년 겨울에 찾아왔다. 로마 황제 네로는 이 모든 재난의 원인을 기독교인들에게 돌리고 박해를 명령했다. (아마도 베드로와 바울이 이 박해의 시기에 순교하였을 가능성이 크다.) 적지 않은 수의 그리스도인들이 순교를 당했고 이 일로 예수님의 가르침과 행적을 보존하는 일의 필요성은 더욱 커졌다.

이 시기에 두 권의 책이 기록되었는데, 하나는 예수님의 가르침을 모은 것으로 현재는 존재하지 않지만 마태와 누가가 기록한 복음서에서 광범위하게 인용되었다. 이것은 독일어로 '출처'를 의미하는 '*quelle*'의 첫 알파벳을 딴 'Q문서'(Q Document)로 알려져 있다. 다른 하나가 바로 마가복음이다. 이것 역시 마태와 누가가 광범위하게 인용했다. 이 책은 그 내용 대부분이 나중에 긴 복음서들에 흡수되었음에도 불구하고 보존되었다. 이 책이 왜 따로 보존되고 어떻게 다른 책에 인용이 되었는지 의문을 제기할 수도 있겠다. 아마도 로마에서 가장 쉽게 구할 수 있는 복음서였고, 베드로와 관련된 복음서로서 신성시되었기 때문일 것이다. 그 제목은 아마도 본문의 첫 줄, 즉 '하나님의 아들 예수 그리스도의 기쁜 소식'이었을 것이다. 마가복음이라는 제목은 훨씬 나중에 붙여졌다. 기자는 자신을 드러내지 않으려 하지만, 무의미해 보이는 짧은 구절에 자신의 서명을 남겼다. 바로 예수께서 체포되던 밤, 로마 군인들의 손에서 알몸으로 도망쳤던 청년의 이야기다(막 14:51).

기독교에서 '복음'이라는 단어를 사용한 것은 아마 이때부터일 것이다. 이는 새로운 형태의 기록이며 그 단어의 선택 또한 흥미롭다. '복음'(gospel)은 단순하게 '기쁜 소식'을 의미하며 처음에는 다른 의미가 거의 없었다. 그러나 때때로 새로운 통치자의 즉위, 그의 생일, 대관식과 같은 행사에서 백성들에게 주어진 특권이나 선물을 의미하기도 했다. 마가가 이 단어를 제목에 사용한 후 마태, 누가, 요한도 사용하면서 책의 내용을 한 번에 알 수 있는 새로운 문학 형식이 등장했다. 이후로 복음이란 오직 한 가지, 즉 그리스도의 행적과 가르침 그리고 세상을 위한 그분의 의미를 전하는 그리스도의 기쁜 소식에 대한 기록을 의미한다. 가장 나중에 기록된 복음서 기자인 요한은 복음이 무엇인지 아주 명확하게 설명하고 있는데 복음서를 기록한 이유를 다음과 같이 요약하고 있다. "예수님께서 제자들 앞에서, 이 책에 기록되지 않은 다른 표징들도 아주 많이 보이셨다. 그런데 이것을 기록한 것은, 여러분이 예수께서 하나님의 아들 그리스도라는 것을 믿고, 그 믿음으로 그의 이름을 통하여 생명을 얻도록 하려는 것이다"(요 20:30, 31).

마가 요한

가장 먼저 기록된 이 복음서의 기자는 예루살렘에서 태어났다. 초대 교회 시절 그와 그의 집에 대한 기록은 상당히 자주 등장한다. 최후의 만찬이 마가 요한의 어머니 집 다락방에서 있었다면, 어쩌면 마가는 자신의 임박한 죽음에 대해 말씀하시는 예수님의 음성을 엿들었을 가능성이 크다. 그렇다면 그는 그날 밤 잠옷을 입은 채로 겟세마네 동산까지 예수님을 따라갔을지도 모른다. 물론 추측일 뿐이지만 가능성이 있는 부분이기도 하다.

그의 어머니 마리아는 초기 기독교 공동체를 위해 집을 열어두었고, 베드로가 감옥에서 풀려났을 때 자연스럽게 그곳으로 간 것도 바로 그 때문이었다(행 12:12). 마가 요한의 선교 활동은 순탄치 않은 시작을 보였다. 그는 삼촌인 바나바와 바울에게 많은 영향을 받아 그들의 선교 여행에 동참하고 싶었다. 그러나 그는 그다지 성공적이지는 못했고, 바울은 그의 연약함에 대하여 다소 냉담했다. 대부분의 인물을 최대한 긍정적으로 그리려는 누가조차도 '거기서 요한은 그들을 떠나 예루살렘으로 돌아갔다'(행 13:13)라고 기록하며 마가의 중도 포기에 대하여 숨기지 않았다. 예루살렘으로 돌아간 후, 다시 선교 여행에 동참할 기회가 주어졌을 때 그는 바나바와 바울과 함께하기를 원했다. 이것이 계기가 되어 두 명의 위대한 선교사가 격렬한 논쟁에 휩싸였다. 바나바는 청년이 실수할 수도 있으니 한 번 더 기회를 주어야 한다고 주장했고, 바울은 그 정도의 태도로는 선교가 불가함을 주장하며 완강히 선을 그었다. 논쟁은 타협점을 잃었고 그 둘은 결국 결별했다(행 15:39). 바나바는 마가 요한과 함께, 바울은 실라를 데리고 각각 선교 여행을 떠났다. 그들의 선교지는 나뉘었고 마가는 선교사가 되었다. 사도행전에는 더는 마가에 관한 이야기가 나오지 않는다. 누가가 바나바와 마가보다는 바울과 실라의 이야기에 초점을 두고 있기 때문이다(행 15:36-41). 마가에 대한 마지막 언급은 베드로전서 5:13로 보인다. "이곳 '바벨론'에 있는 자매 교회가 여러분에게 안부를 전하며, 내 아들 마가도 안부를 전합니다." 이는 그가 로마에서 베드로와 함께 있었다는 증거로 볼 수 있다. 예수께서 체포되던 날, 달아났던 그 청년이 마가였다면(막 14:51), 그는 분명 초기 기독교 공동체와 깊이 관련되어 있었을 것이다. 그는 수많은 초기 기독교 지도자들과 친분을 유지하면서 그들에게 직접 묻기도 하고 그들의 이야기를 확인할 기회를 가졌을 것이다. 그는 또한 로마에서 최후를 맞이했던 베드로와 매우 가까운 관계였던 것으로 보인다. 이 모든 정황이 예수님의 행적과 가르침을 전달하는 적절한 인물로서 마가를 지목하고 있다. 그의 주요 자료는 베드로의 증언에 크게 의존했지만, 그는 오랜 세월 동안 다른 사람들과 이야기하면서 자신이 보았지만 알지 못했던 예수님에 대해 많은 것을 얻은 것이 분명히 많았을 것이다.

마가복음은 문학적으로 세련되지 않고 거칠다. 그러나 이 책은 자신이 기록한 내용을 진심으로 믿는 사람만이 가질 수 있는 강렬한 생명력을 지니고 있다. 때때로 생생한 현실감이 번뜩이며, 완전한 인간인 동시에 완벽한 하나님의 아들이셨던 한 분의 초상을 굵직한 선으로 그리고 있다.

마가복음의 마지막 부분은 소실되었을 가능성이 있지만, 대부분의 사본이 그렇듯 부활하신 예수님에 대한 자세한 묘사 없이 끝맺는 것도 어떤 의미에서는 적절해 보인다. 이야기는 이렇게 끝난다. "그들은 무덤에서 나와서 도망치듯 빠져나왔다. 그들은 흥분하여 벌벌 떨었다. 감히 누구에게 말 한마디도 하지 못했다"(막 16:8). 물론 이러한 거친 표현의 일부는 다듬어지지 않은 베드로의 이야기에서 비롯된 것일 수도 있다.

베드로가 기록한 서신서들

어부 출신의 사도는 이 서문에서 그의 이야기를 쓸 필요가 없을 정도로 잘 알려진 인물이다. 그의 이야기는 마가복음뿐만 아니라 다른 복음서에도 등장한다. 또한, 누가는 사도행전에서 그의 이야기를 이어간다. 기독교 지도자로 성장한 베드로였지만 그의 기본적인 기질은 크게 변하지 않은 듯 보인다. 사도행전 8:20에 나오는, 다른 순화된 언어로 번역이 불가한 그의 맹렬한 분노가 그 예라고 할 수 있다. 바울이 베드로에게 여러 번 화를 냈었는데 이는 베드로가 열심은 있으나 약속을 충실히 지키지 않았기 때문이다. 갈라디아서 2:11과 연관이 있는 바울의 분노는 제법 초기의 일로서 주후 56~57년 정도에 일어난 사건이며, 그의 분노는 아마 정당했을 것이다. 그리스도의 선택으로 인하여 교회의 지도자가 된 베드로는 사실 위대한 지도자로서 자리매김하지는 못했다. 예루살렘에서는 야고보가 그의 자리를 대신하였고, 세계를 향한 선교사역은 바울이 이어받았다. 그의 인생은 온통 실패로 가득했지만 그렇기에 그에게서 친숙함이 느껴지는 것도 사실이다. 복음서의 이야기로부터 툭 튀어나온 베드로는 우리가 알고 싶은 인물로 그려진다. 그는 정말 인간적이지 않은가!

베드로전서는 진짜 편지이다. 아마도 회람용 서신으로 보이지만, 그 문체는 자신을 신뢰하고 있는 사람들에게 개인적으로 쓰는 편지처럼 느껴진다. 그는 '바벨론'이라 부르는 곳에서 이 서신을 기록하고 있다. 유대인들에게 그 이름은 로마를 의미하고 있었기에 학자들 대부분도 베드로가 로마에서 이 서신을 기록했다는 데 동의한다. 물론 다른 추측들도 존재하는데, 그중 흥미로운 것은 카이로 근방의 바벨론이라고 부르는 작은 지역에서 기록되었을 것이라고 보는 견해이다. 그러나 그 타당성을 입증하는 근거는 부족하다. 그곳이 어디였든 베드로가 쓴 그 장소에는 군인들이 있었고 이러한 상황은 서신의 스타일을 형성하는 데 일조했다. 베드로는 박해로 인하여 소아시아 지역 전역에 흩어진 그리스도인들에게 편지를 쓰면서, 병영 막사와 같은 군대 용어를 사용하며, 그들을 그리스도의 군대라 격려하고 있다.

이 서신을 쓴 목적은 분명히 있다. 끝부분으로 갈수록 문체가 바뀌는 것은 서신을 쓰는 동안 어떠한 변화가 있었음을 말해주고 있다. 서신의 전반부는 부당한 고난과 핍박을 대하는 그리스도인들의 태도를 다루고 있어서 보다 신중하다. 이 부분은 거의 설교문이라 해도 무방하다. 핍박이 올 때 어떻게 행동해야 할지를 교회의 지도자들에게 부탁하고 있다. 4:12부터 핍박이 시작된 것으로 보이는데, 서신 후반부의 문체에서는 더욱 긴박한 상황을 읽을 수 있다.

베드로후서는 우리가 앞서 보았던 두 권의 책과는 완전히 다르다. 그 문체는 간결하고 절제된 표현과는 정반대로 화려하고 수사적이다. 또한, 그 가르침은 우리의 실제 생활과 다소 동떨어져 보인다. 이 서신은 베드로가 일정 부분만을 간단히 기록한 것으로 받아들여지지만, 서신의 기자가 누구인지 알 수 없다. 물론 베드로의 흔적들이 담겨 있지만, 문체는 대부분 주후 2세기의 스타일을 보여준다. 어쩌면 신약성경에서 가장 나중에 기록된 서신일 가능성이 크다. 이 서신에는 몇 가지 뛰어난 구절들이 있지만, 그 가치대로 읽히지는 못하고 있는 듯하다. 이 서신이 어떻게 베드로의 이름과 연관되었는지 알 수는 없지만, 사도의 글이 일부 포함되어 있기 때문일 수 있다.

기록 시기

마가복음과 베드로전서는 비슷한 시기에 기록되었다. 베드로전서가 먼저 쓰였고, 그 후 1~2년 이내에 마가복음이 기록되었을 것이다. 베드로후서는 주후 130년경에 기록되었을 것이다.

The Gospel of Mark

마가복음

1장

기쁜 소식의 시작 (1:1-8)

¹⁻²하나님의 아들 예수 그리스도의 기쁜 소식의 시작은 이사야의 다음 예언이 성취되면서다. '보아라, 내가 네 앞에 내 사자를 보낸다. 그가 네 길을 준비해 놓을 것이다. ³광야에서 외치는 자의 소리다. 너는 주의 길을 준비해라. 그의 길을 곧게 펴라.' ⁴이에 요한이 나타나 광야에서 사람들에게 세례를 주었으며, 세례란 철저하게 마음을 돌이키고 죄를 용서받았다는 표지라고 선포했다. ⁵유대 지방과 예루살렘에 사는 사람들이 모두 광야에 있는 요한에게 가서 공개적으로 자기 죄를 고백하며 요단강에서 세례를 받았다. ⁶요한은 낙타털옷을 입고, 가죽 허리띠를 띠고, 메뚜기와 야생 벌꿀을 먹고 살았다. ⁷그가 책임지고 선포해야 하는 내용은 이러했다. "내 뒤에 오시는 이가 있는데, 그는 나보다 강합니다. 사실 나는 꿇어앉아 그의

> 신발 끈을 풀 자격도 없습니다. ⁸나는 여러분에게 물로 세례를 주지만 그는 성령으로 세례를 주실 것입니다."

'복음'(Gospel)이라는 단어는 기쁜 소식(good news)을 의미하는 고대 영어 단어 '갓스펠'(Godspell)에서 유래했다. 헬라어 '유앙겔리온'(*euagglion*)에 가까운 영어 단어로 'evangel'이 있었지만, 이 단어는 빅토리안 시대에 사용된 초기 찬송가나 종교 문헌에서만 찾아볼 수 있고 대중적인 어휘로는 자리 잡지 못했다. 헬라어 '유앙겔리온'의 원래 의미는 기쁜 소식을 전달하는 자에게 수여된 일종의 보상을 의미했으나, 점차 이 단어 자체가 기쁜 소식을 의미하게 되었다. 예를 들면, 새로운 왕이나 총독의 즉위식을 알리는 기쁜 소식이 있을 수도 있지만, 때로는 세금 감면과 같은 현실적으로 피부에 와 닿는 기쁜 소식을 의미하기도 했다. 그리고 시간이 지남에 따라 기쁜 소식을 의미하는 모든 상황에서 통용되었다. 신약성경의 기자들은 이 단어를 자연스럽게 예수 그리스도 또는 하나님의 복음, 곧 기쁜 소식이라는 특별한 의미로 사용하였다. 실제로 기독교 복음은 기쁜 소식이다. 이는 하나님이 세상을 사랑하신다는 것, 예수 그리스도를 통해 친히 이 땅에 오셨다는 것, 완전하신 하나님과 범죄한 인간 사이의 고통스러운 단절을 단번에 치유하셨다는 것, 인간의 딜레마인 죽음을 이기시고 그리스도를 믿는 모든 사람에게 시간과 공간을 초월하여 생명의 길을 열어주셨다는 것을 장엄하게 선포한다.

모든 종교가 반드시 기쁜 소식을 전하는 것은 아니라는 점에 유의해야 한다. 힌두교에는 기쁜 소식이라 할 만한 것이 많지 않으며, 이슬람교는 특히 여성에게 있어서 좋은 소식이 거의 없다. 누군가가 '모든 종교는 다 똑같다'라고 무비판적으로 말할 때, 다른 종교들을 자세히 살펴보고 그 안에 기쁜 소식이 뚜렷하게 결여되어 있다는 사실을 주목할 필요가 있다.

마가복음은 인간이신 예수를 그리스도라고 부르고 있다. 그리스도(Christ)는 '기름부음 받은 자'(The Anointed One)라는 의미의 헬라어 단어에서 유래했고, 히브리어의 '메시아'(Messiah)와 동의어라 볼 수 있다. 구약성경에서 하나님이 택하신 왕들은 모두 기름부음을 받은 것을 알 수 있다. 오늘날에도 비슷한 관습이 있는데 바로 엘리자베스 여왕의 대관식에서 기름부음이 있었다. 그러나 '크리스토스'(*Christos*), 즉 하나님의 그리스도는 특별히 선택되고 임명되었으며, 그의 칭호는 곧 예수라는 인간 이름과 불가분의 관계가 되었다.

마가복음에서 '하나님의 아들'이라는 칭호는 인간적인

칭호인 '인자'(人子, Son of Man)와 번갈아 사용된다. 헬라어와 히브리어에서 공통으로 쓰이는 '~의 아들'(Son of)이라는 표현은 현대 영어로 전달하기가 다소 어렵다. 하지만 마가가 전하려는 의미는, 예수님이 하나님이자 인간으로서 한 인격 안에 함께 존재하시며 이 세상에 사셨다는 것으로 이해해도 크게 틀리지 않을 것이다.

마가복음의 예언은 말라기와 이사야에서 파생된 복합적인 예언이다. 마가가 이사야서에 무게를 두고 있는 이유는 아마도 이사야가 더 위대하고 더 알려진 인물이었기 때문이라고 볼 수 있다.

세례는 과거의 죄를 상징적으로 씻어내는 의식의 한 형태로서 많은 종교에서 공통적으로 나타나는 특징이었다. 그것은 단순하고 보편적인 외적 표식이며, 하나님의 계획이 전개되는 과정에서 경시되지 않았다. 킹제임스성경(Authorized Version, KJV)에서 이 특별한 의식은 '회개의 세례'(a baptism of repentance)로 번역하고 있는데, 여기서 생각해 보아야 할 두 가지 쟁점이 있다. 하나는 헬라어 '메타노이아'(metanoia)가 영어 단어 '회개'(repentance)로는 적절하게 번역되지 않는다는 점이다. '메타노이아'는 실제로 마음과 생각 모두의 완전한 전환, 즉 전적인 변화(conversion)를 의미한다. 반면 회개(repentance)는 인간이 자기의 자유의지를 통하여 회개할 수 있다고 전제하며, 실제로 구약과 신약에서 '회개하라'는 명령이 주어지는 경우가 있다. 그렇다면 이것이 과연 현실적인 일일까? 마음과 생각의 변화 과정은 분명 가능한 일이다. 세례 요한은 어리석은 사람이 아니었고 그의 설교는 명백한 결과를 낳았기 때문이다. 그러나 오늘날 우리는 인간의 마음이 근본적으로 변화되기가 어렵다고 가정할 수 있는 수많은 이유를 대면하고 있다. 우리는 심하게 잘못된 방향으로 가고 있는지도 모른다. 매일같이 암묵적으로 부정되고 있는 변화의 가능성이 사실은 올바른 도덕적 권위의 명령과 적절한 상황 속에서는 실제로 일어날 수 있는 일이 아닐지 진지하게 고민해 보아야만 한다. '메타노이아'가 동반되지 않는 세례의 외적인 행위는 무의미하고 심지어 기만적이라는 사실을 잊지 말아야 한다.

우리는 세례와 죄의 고백에 대한 이러한 대중적 열망을 상상하기가 어렵다. 하지만 우리는 메시아가 오실 것이라는 오래된 기다림이 유대인들의 마음속에 언제나 있었음을 기억해야 한다. 메시아의 오심은 과거의 지은 죄와 실패를 전적으로 인정하는 것을 전제하는 것이지만, 유대인들은 자신들이 만들어 낸 비뚤어진 메시아 상을 가지고 있었다. 그들은 하나님을 온전히 예배할 수 있도록 그들을 인도해줄 누군가를 기대하고 있었고 뿐만 아니라 증오에 찬 로마의 압제로부터 자신들을 자유롭게 하는 열렬한 애국자를 기다리고 있었다. 사람들이 정말로 이러한 일들을 기대했다면 그것이 이루어지도록 모든 노력을 다하려고 했을 것이다. 그 꿈을 서두르기 위한 첫걸음이 바로 회개와 세례였다.

세례 요한은 경제성과 실용성을 염두에 두고 소박하게 옷을 입었다. 낙타 털로 된 옷은 사막 거주자들이 흔히 입던 것으로 혹한의 밤을 지나는 동안 동굴이나 바위의 갈라진 틈에서 안식할 때 따뜻함을 주었고 한낮 태양의 뜨거운 열기로부터 보호해 주었다. 가죽 허리띠는 빠르게 움직일 때나 일할 때 옷이 흐트러지지 않도록 고정하는 간단한 장치였다. 이것은 오늘날 사막 유목민인 베두인들이 사용하는 무두질하지 않은 가죽으로 만들어졌다.

요한은 광야의 단조로운 삶에서 얻을 수 있었던 단순한 음식을 먹었다. 우리에게는 낯선 음식으로 보일 수 있지만 사실 메뚜기는 고단백 음식으로 베두인과 가난한 사람들이 여전히 즐겨 먹는 음식이다. 건조한 사막에서는 번성하기 어려운 맛있는 메뚜기 콩으로 추측하지 말기를 바란다. 유대교 율법에 따라 먹는 것이 허락된 메뚜기의 종류는 레위기 11:22에 언급되어 있다.

요한을 극단적 금욕주의자로 볼 수도 있겠지만 그는 자기 부인의 대명사이다. 광야에서 묵상하며 시간을 보낸 그는 자신보다 비교할 수 없이 크신 분의 길을 준비하는 것이 그의 거룩한 소명이었음을 알았다. 그는 장차 오실 그분을 마음 깊이 가장 존경하는 마음으로 받아들였고, 자신의 역할은 오실 그리스도에 비하면 아무것도 아니라는 사실도 알고 있었다. '성령 세례'에 대한 그의 설교는 청중에게 매우 생소한 것이었지만, 분명히 그들은 그 말을 곱씹으며 깊은 생각에 잠겼을 것이다. 그의 메시지는 우리에게도 똑같은 영향을 끼치고 있다.

예수의 등장 (1:9-13)

> 9그때 예수께서 갈릴리 나사렛 마을에서 오셔서, 요단강에서 요한에게 세례를 받으셨다. 10예수께서 물에서 나오자마자 갑자기 하늘이 열리고 성령이 비둘기처럼 자기에게 내려오는 것을 보셨다. 11하늘에서 이런 음성이 들렸다. "너는 내가 기뻐하는 나의 사랑하는 아들이다." 12그때 성령이 예수를 곧바로 광야로 보내셨고 13예수께서 광야에서 사십 일을 지내시는 동안 사탄이 예수를 시험했다. 그동안 들짐승들만이 예수와 함

께 있었고 천사들만이 그를 지켰다.

마가복음은 이 장면에서 대규모 세례가 한창일 때 예수께서 나사렛에서 오셨다는 의미를 전달하려 한다. 예수님의 출생이 인간의 역사 한 가운데 일어난 것처럼, 그의 세례 또한 특별한 경우로 강조하지 않고 있다. 그것은 여느 독실한 유대인에게 일어날 수 있었던 평범한 일처럼 묘사된다. 마가는 요한이 자신보다 비교할 수 없이 크고 위대하신 예수께 세례 베푸는 것을 주저한 것에 대해서는 언급하지는 않는다. 오직 그 사건을 기록하는 것에만 관심이 있다. '한 번에', '갑자기' 또는 '즉시'는 마가가 주로 사용하는 단어이며 그의 서술에 상당한 속도를 부여한다. 그러나 이 경우에는 하늘이 조금씩 점진적으로 열리는 광경을 보기는 어렵다. 사용되는 단어는 마치 천 조각을 찢을 때 사용되는 도구처럼 거칠고, 전통적으로 평화의 새로 간주하는 비둘기의 온화한 모습과는 대조된다. 온화함과 거친 힘을 모두 상징하는 이미지가 신약성경의 여러 곳에서 함께 발견될 수 있다는 사실로 볼 때, 이 부분을 주목할 만한 가치가 있을 것이다. '인자하고 부드러운 음성으로 부르사 나를 위로할 이 누가 있을까'와 같은 찬송의 표현처럼 성령의 사역이 언제나 부드러운 것이라고만 간주한다면 그것은 성령에 대한 큰 오해를 낳게 할 것이다.

오직 예수님만 하늘로부터 들려오는 이 음성을 이해했을 것이다. 하나님께 직접 들은 이 메시지는 그에게 큰 위안이 되었을 것이다. 기록에 따르면 이러한 하나님의 직접적 메시지는 단 세 번 나타난다. 바로 예수님의 세례 때, 변화산 상에서, 그리고 헬라인들이 예수님을 찾았을 때인데, 이 마지막 경우는 예수님의 사역에서 중요한 전환점으로, 예수님의 부르심이 단지 유대인들만을 위한 것이 아니라는 것을 확증해 주는 순간이었다(요 12:29 참조). 우리는 주님이 이 땅에 계실 때 의심이나 질문이 전혀 없이 지내셨다고 생각해서는 안 된다. 주변 사람들은 실제로 큰 소리를 들었고, 요한복음이 유사한 상황에서 기록한 것처럼 "천둥이 울렸다"고 말했을 수도 있다.

자, 이제 성령께서 예수님을 광야로 인도한다. 헬라어 '에크발로'(ekballo, 12절의 "보내셨다"에 해당한다. 편집자주)는 킹제임스 번역본에서 거의 열 가지가 넘는 다양한 영어 단어로 번역되었지만, 그것들은 모두 무자비하고 때로는 폭력적인 개념을 포함하고 있다. 예수님이 광야에서 홀로 보낸 40일은 극심한 유혹의 기간이었으며, 직전에 확실하게 들렸던 하늘의 직접적인 음성에도 불구하고 의심할 바 없이 너무도 고통스러운 기도의 시간이었다. 나중에 예수님이 제자들에게 유혹에 대한 일반적인 내용을 전달하셨지만, 마가는 이에 대해 언급하지 않고 있다. 오랜 금식 기간에 예수께서 어떻게 마귀로부터 무섭고 집요한 공격을 받았는지 상상하는 것은 어렵지 않은 일이다. 자신의 공적 사역의 확실성에 대한 불안감, 사명이 점점 더 불가능해 보이는 형태로 다가오면서 생겨나는 두려운 질문들, 그리고 피할 수 없는 무거운 짐을 감당할 수 있을지에 대한 불안, 이런 모든 것들이 예수님을 짓눌렀을 것이다. 자세하게는 아니지만, 마가는 들짐승들과 천사들에 대해 언급하고 있는데, 이것은 아시시의 성 프란치스코의 일화에 나오는 감상적인 동물들과는 다른 의미라고 확신할 수 있다. 예수께서 위협을 느끼고 자신은 혼자뿐임을 감지했던 그 광야에는 치타, 멧돼지, 자칼, 늑대, 하이에나 등이 있었다. 천사들이 무엇을 했는지는 명확하지 않지만, 그들의 역할은 메시지를 전달하는 것으로서 스테인드글라스나 어린이 동화책에 나오는 모습처럼 상상해서는 안 된다. 신구약 성경에서 하나님은 종종 이러한 메신저들을 하늘로부터 땅으로 보내 메시지를 전달하셨다. 그 이상을 말하는 것은 단순한 추측에 불과하지만, 성경 원문에서 불완전 시제가 사용됐다는 것은 광야시험 동안 천사들이 한 번 이상 예수님을 방문하였고 그를 도왔다는 것을 의미한다.

예수께서 기쁜 소식을 전파하기 시작하시다 (1:14-15)

> ¹⁴요한이 체포된 후에 예수께서 갈릴리로 가셔서 하나님의 기쁜 소식을 선포하며 ¹⁵말씀하셨다. "드디어 때가 왔다. 하나님 나라가 왔다. 너희는 마음과 생각을 돌이켜 이 기쁜 소식을 믿어라."

이제 6주가 흘렀다. 요한의 투옥 사건은 6:17에 좀 더 자세히 나오는데, 아마도 예수께서 홀로 사역을 시작하셨다는 것을 강조하기 위해서 여기에 언급된 것으로 볼 수 있다. 예수님은 '하나님의 기쁜 소식'이라 불리는 것을 선포하신다. 물론 '하나님의 기쁜 소식'과 '예수 그리스도의 기쁜 소식'이라는 두 가지의 표현은 모두 같은 의미이다.

'기쁜 소식'은 하나님의 선포이며 그 내용은 예수 그리스도 자신이다. 여기서도 마음과 생각을 돌이키라는 명령이 나오는데, 이제는 준비의 차원이 아니라 하나님의 나라가 바로 지금 실제로 도래했기 때문이다. 마가복음의 독자들은 이 '기쁜 소식'의 내용을 아주 잘 알고 있었을 것이다.

아마도 우리는 처음부터 하나님 나라를 받아들이는 것이 믿음의 행위를 의미한다는 점에 주목해야 할 것이다.

제자들을 부르시다 (1:16-20)

> ¹⁶예수께서 갈릴리 호숫가를 따라 걸으시다가 어부 두 명, 곧 시몬과 그의 형제 안드레가 물에 그물을 던지는 것을 보셨다. ¹⁷예수께서 큰 소리로 말씀하셨다. "나를 따라오게. 내가 그대들에게 사람 낚는 법을 가르쳐주겠네!" ¹⁸그들은 즉시 그물을 내려놓고 예수를 따라갔다. ¹⁹예수께서 호숫가를 따라 조금 더 가다가 세베대의 아들 야고보가 형제 요한과 함께 배에서 그물을 손질하고 있는 것을 보셨다. ²⁰예수께서 곧바로 그들을 부르셨고, 그들은 아버지 세베대를 품꾼들과 함께 배에 남겨두고 예수를 따랐다.

예수님은 시몬과 그의 동생 안드레가 호숫가의 얕은 물에서 그물을 던지는 모습을 보셨다. 그들은 그물을 씻고 있었을 수도 있고 아니면 해안가로 다가오는 물고기를 잡기를 바라며 무심하게 그물을 던지고 있었는지도 모른다. 물론, 이 작은 그물은 오늘날의 저인망 어업과 비슷한 방식으로 사용되던 대형 끌그물과는 전혀 다른 것이었다.

예수님의 갑작스럽고 거의 절대적인 명령은 강력한 극적인 효과를 가져왔다. 한가롭게 일하던 사람들의 일상 속에, 지금까지는 알지 못했던 어떤 사람을 따라 모든 일을 완전히 떠나고 삶의 방식을 완전히 바꾸라는 부름이 들어온 것이다. 예수님의 간결한 명령 속에는 유머의 뉘앙스가 엿보이는데, 이는 자연스러운 표현이며 복음서 곳곳에서 드러나는 그분의 성품의 한 면을 보여준다.

마가는 예수님의 이러한 갑작스럽고 낯선 행동에 대해 아무런 설명도 덧붙이지 않는다. 그러나 훗날 이 책을 읽는 우리 마음속에는 궁금증이 가득하다. 이 인물은 과연 자기를 따르라고 초청할 정도의 엄청난 매력이 있었을까? 그의 음성에는 선한 마음으로 살아가는 사람들이 거부할 수 없게 만드는 어떤 권위가 실려 있었던 것일까? 아니면 하늘 아버지의 뜻에만 완전히 헌신하고 통합된 인격에서 나오는 강한 힘을 상상해 볼 수 있을까? 분명한 것은, 우리는 예수님의 엄청난 권위를 즉시 인식하게 된다는 점이다. 사람들은 예수께서 전하는 말씀 속에서 그것을 인식했을 것이다. 이것은 귀신들에 대한 그의 완전한 통제력에서도 명확하게 드러났다. 어쨌든 시몬 베드로는 즉각적으로 예수님을 좇았다. 아마도 이 모든 일이 무엇을 의미하는지, '사람을 낚는 어부'가 된다는 것이 어떤 것인지 그는 매우 궁금했을 것이다. 우리는 합리적으로 예수께서 많은 기도와 고민 끝에 이러한 선택을 했을 것이라고 가정할 수 있다. 예수님은 그들의 삶과 직업에 녹아있는 특성, 즉

용기 있고 참을성이 있으며 어떤 환경에도 인내하는 사람들을 선택하셨을 것이다. 우리는 그들이 도시 생활의 복잡함보다는 오히려 오염되지 않은 비교적 단순한 삶을 살고 있었으리라고 추측할 수 있다. 그렇다고 여기서 단순함이란 어리석다는 것을 의미하지 않는다.

이제 우리는 예수께서 세베대의 아들인 야고보와 요한을 똑같은 방법으로 직접 부르시는 것을 볼 수 있다. 그들 또한 그의 말씀에 녹아있는 놀라운 권위를 느꼈고 즉시 그들의 삶의 터전과 가족을 떠났다.

예수께서 병자들을 고치시다 (1:21-34)

21그들이 가버나움에 도착해 안식일이 되자 예수께서 곧바로 회당에 들어가 가르치시기 시작했다. 22사람들은 예수의 가르치시는 방식에 깜짝 놀랐다. 율법학자와는 전혀 다르게 예수의 가르침에는 권위가 있었다. 23갑자기 귀신에게 사로잡힌 사람이 회당에 나타나 24소리쳤다. "나사렛 사람 예수여, 우리를 어떻게 하려는 겁니까? 우리를 죽이러 왔습니까? 나는 당신이 누구인지 압니다. 당신은 하나님의 거룩한 분입니다!" 25그러나 예수께서 그를 막고 날카롭게 말씀하셨다. "입 다물고 그 사람에게서 나가라!" ²⁶그러자 귀신은 그 사람에게 경련을 일으키고는 고함을 지르며 그에게서 떠나갔다. ²⁷그곳에 있던 사람들이 모두 깜짝 놀라 서로 이렇게 말했다. "도대체 이게 무슨 일이야? 그의 가르침은 새롭고 뭔가 권위가 있어. 심지어 귀신들한테도 명령을 하고, 귀신들도 그 말에 꼼짝 못 하던걸!" ²⁸예수의 명성이 갈릴리 온 지역에 들불처럼 퍼졌다. ²⁹예수께서 회당에서 나오셔서 야고보와 요한을 데리고 곧장 시몬과 안드레의 집으로 가셨다. ³⁰마침 시몬의 장모가 고열로 누워 있었는데, 그들은 곧바로 예수께 그가 아프다고 말했다. ³¹예수께서 그 여인에게 다가가 손을 잡고 일으켜 세우셨다. 그러자 열이 내린 시몬의 장모가 그들의 필요를 돕기 시작했다. ³²그날 저녁 늦게 해가 진 이후에 사람들은 병자들과 귀신에게 시달리는 이들을 계속 예수께 데려왔다. ³³온 마을 사람들이 문 앞에 모여 있었다. ³⁴예수께서 각종 병에 걸린 수많은 사람을 고쳐 주셨다. 귀신들을 쫓아내신 경우도 아주 많았으나 그 귀신들에게 한마디도 하지 못하게 하셨다. 그들은 그가 누구인지 정확하게 알고 있었기 때문이다.

이제 우리는 예수님의 권위가 보다 공개적으로 드러나는 장면을 보게 된다. 예수께서 갈릴리 호숫가 마을 가버나움에서 외모로나 평판으로 이미 알려져 있었는지는 정확하게 알 수 없다. 회당에서의 안식일 예배는 오늘날 교회에 드려지는 예배와는 다소 달랐지만, 율법과 예언자들의 글을 읽는 것은 확실히 포함되어 있었다. 그리고 대중보다 해당 주제에 대한 풍부한 지식을 갖고 있던 율법학자가 이 글을 회중에게 해석해 주었다. 특별한 경우에는 초청되어 방문한 서기관이나 율법학자가 강해나 메시지를 전하기도 했다. 그러나 여기서 예수님은 누가 초청한 것도 아닌 것처럼 보이며, 자발적으로 그날의 가르침을 맡으셨다. 우리는 사람들의 놀라움에 조금 의아해할 수도 있지만, 그 이유에 대해 합리적인 추측을 할 수 있다. 전문가가 자신의 전공 분야에서 말하는 권위와 적당한 수준에서 평범한 설명을 하는 사람 사이에는 엄청난 차이가 있다. 예수님의 이 권위 있는 말씀은 흥분을 불러일으키지만 동시에 적대감도 유발한다. 갑자기 소리치던 그 남자는 몇 년 동안 귀신의 손아귀에 사로잡혀 있었을 수 있지만, 예수님의 순수한 선함이 그 악한 영을 자극하여 예수님을 향한 극렬한 분노를 드러내게 한 것일 수 있다. 마가는 이 구절 외에 다른 곳에서도 귀신들이 예수님의 능력을 즉각적으로 인식한다는 것을 강조하려고 애쓴다. 마치 잠재적인 악이 완전한 선 앞에서 적대감과 공황에 가까운 모습을 드러내지 않을 수 없는 것처럼 보인다. 오늘날 스스로 지혜롭다고 여기는 사람들 대부분은 '귀신'의 존재와 영향력을 완전히 거부한다. 모든 것이 심리학, 뇌에 영향을 주는 신체의 화학적 결함, 인격적 결핍 등으로 설명된다고 믿는다. 그러나 우리가 1,900년 전의 사람들보다 정말로 더 지혜롭다고 말할 수 있는지는 논쟁의 여지가 있다. 물론 인간의 삶에 나타나는 모든 악이 귀신의 힘으로 설명되는 것은 아니다. 심리학적 수단과 심지어 화학적 약물 치료를 통해 놀라운 회복을 이루는 경우도 있다. 그러나 우리의 일상을 망치는 뿌리 깊은 악은 현대의 '과학적' 용어로 쉽게 설명될 수 없다. 마가복음 기록을 연구하면서 실제로 인간의 정신을 침범할 수 있는 귀신이 있다는 생각에 진실이 있을지 생각하고 논의하는 것은 분명히 가치가 있다. 귀신의 존재를 분명히 인식하며 귀신들림과 그 치유를 증명하는 확고한 증거를 가진 지식인들도 분명히 존재한다.

예수님의 임재를 귀신들이 즉각적으로 알아챘고 본질적인 위험으로 인식했다는 것은 매우 흥미롭다. 이것을 요한일서 3:8과 비교해볼 수 있는데 메시아께서 오시는 주요 목적 중 하나는 '마귀의 일을 멸하기 위함'이라고 말하고 있다.

신약성경에서 '하나님의 거룩한 분'이라는 칭호는 흔히

사용되는 표현은 아니다. 사실 이것은 요한복음 6:69에서만 다시 한번 언급될 뿐이다. 그러나 호칭 사용에 대해 논쟁할 필요는 없다. 마가가 강조하려는 요점은 비록 예수께서 아직 능력을 행사하지 않았음에도 불구하고 악이 선의 치명적인 능력을 인식했다는 점이다. 마귀는 그 허세와 교만에도 불구하고 자신에게 미래가 없다는 것을 알고 있다. 종말은 다가오고 있고, 선으로부터의 명백한 위험 경고를 감지하고 분노로 표출하고 있다.

예수님은 비록 귀신들이 자신의 신분인 메시아, 곧 그리스도로서의 정체성을 증언하고 있더라도, 그들의 말을 더는 듣고 싶어 하지 않으셨다. 그분의 관심은 오직 귀신들린 남자의 회복에 있었다. 예수께서 날카롭게 꾸짖으시는데, 그 헬라어 원어를 문자 그대로 번역하면 귀신에게 '재갈을 물라'라고 명령하신다. 이는 정중한 표현이 아니다. 그냥 속된 말로 '입 닥쳐!'와 같은 강한 표현으로 볼 수 있다. 귀신은 마지막으로 절박하게 비명을 지르고 경련을 일으키며 자신의 힘을 드러낸 후 떠나간다. 군중은 새로운 가르침뿐만 아니라 그에 수반되는 강력한 권위에 완전히 놀랐다. 물론 당시에도 드물게나마 복잡한 의식을 동반한 퇴마가 행해졌을 것입니다. 그러나 선과 악의 명백한 대결에서 이토록 마귀가 공개적이고 굴욕적으로 패배하는 모습은 잊을 수 없이 대단한 것이다. (생각해보면, 궁극적으로 선이 승리할 것을 믿고는 있지만, 우리도 저렇게 분명하고 강력한 선의 승리를 한 번만이라도 볼 수 있다면 얼마나 많은 것을 바칠 수 있을까?) 마가가 간결하게 기록한 '예수님의 명성이 퍼졌다'는 말은, 우리가 당연히 기대할 수 있는 반응이다. 작은 지역사회에서 현대적인 통신 수단이 없더라도 입소문만으로도 소식은 빠르게 퍼지기 마련이다.

여기서 마가는 다시 한번 긴박하게 전개한다. 거의 동시에 예수님은 또 다른 형태의 악, 즉 겉으로는 고열로 드러나는 육체의 질병과 마주하게 된다.

예수님은 지체 없이, 어떤 격식도 없이 바로 행동하신다. 시몬의 장모는 바로 치유되었고 조금의 망설임도 없이 평범한 주부로서의 일상을 회복했다. 마가의 이러한 소박한 표현이 얼마나 생생하게 현실을 반영하는지 알 수 있다. 시몬의 장모는 병에서 회복되자마자 율법이 정한 요란하고 까다로운 회복기를 요구하지 않고, 그녀를 삶에서 멈추게 했던 그 지점부터 주저함 없이 자연스럽게 일상을 이어갔다!

늦은 저녁 시간은 병자들이 예수님을 찾아가거나 다른 사람들이 그들을 데려가기에 가장 적절한 시간이었다. 일과가 끝나면, 장애에도 불구하고 일했던 병자들은 비로소 예수님께 나아올 수 있었다. 마찬가지로, 질병으로 침대에 누워 있거나 집 안에 머물러 있던 병자들은 하루 일을 마친 그들의 친구들에 의해 이끌리어 예수께 나갔다. 마가는 단순한 병자들과 귀신으로 고통당하는 사람들을 구분하고 있다. 마가는 '온 마을 사람들이 문 앞에 모여 있었다'라고 말하고 있는데, 그가 상황을 일부러 과장하고 있다고 볼 수 없다. 가버나움은 갈릴리 호수 인근의 유명한 휴양지로서의 인기를 얻고 있었으나 그리 큰 도시는 아니었다(마 11:23 참조). 실제로 그날 일찍이 있었던 사건들의 소문이 그곳 사람들에게 전해졌고 이젠 기회가 주어지자마자 온 마을 사람들이 예수께 몰려가는 것은 오히려 당연한 일이라고 할 수 있다. 이번 경우에는 예수님은 귀신들이 자신에 대해 말하는 것을 절대로 허락하지 않으셨다. 이에 대해 여러 해석이 가능하겠지만, 예수님은 마귀들의 증언에 의해 주님의 일이 드러나거나 전개되길 원하지 않았음이 분명하다.

예수께서 홀로 기도하러 잠시 물러나시다 (1:35-39)

³⁵다음날 예수께서 아침 일찍 일어나셨다. 그리고 아직 어두울

> 때에 집에서 나와 인적이 드문 곳으로 가서 기도하셨다. ³⁶시몬과 일행이 예수를 찾으러 다니다가 ³⁷만나자 이렇게 말했다. "모두가 선생님을 찾고 있습니다." ³⁸예수께서 대답하셨다. "이제 다른 곳으로, 이웃 마을로 가자. 거기서도 말씀을 전해야 한다. 그것이 내가 온 이유다." ³⁹예수께서 갈릴리 전역을 다니시며 회당에서 계속 말씀을 선포하시고 귀신들을 쫓아내셨다.

예수님의 일과는 매우 바빴으며, 그분의 시간과 에너지를 거의 다 소진해야 할 정도의 상황이었다. 따라서 예수님은 '인적이 드문 곳'(a deserted place)에서 아직 이른 아침 어둠 속에서 평온과 고요함를 찾아야 했다. 이러한 장소를 묘사한 단어는 본래 광야를 가리킬 때 사용되는 단어와 일치한다. 그러나 이 경우에는 물과 목초지 부족으로 인해 목동조차 찾아볼 수 없는 곳을 의미한다. 이렇게 홀로 물러나 기도하셨던 예수님의 시간에 대하여 우리가 개입하여 무엇인가를 이해하려는 모든 시도는 심지어 그것이 상상이라 할지라도 오만한 일이 될 것이다. 그러나 예수님이 아버지와의 관계를 새롭게 다지고, 영적으로 충만하여지고, 앞으로의 사명을 감당할 힘을 구하셨으리라는 것은 충분히 짐작할 수 있다. 큰 과업을 감당해야 하는 사람에게 있어서 평정심을 유지하고, 나아가 정신 건강까지 지킬 수 있는 유일한 방법은 하나님을 바라보며 잠잠히 그의 힘을 의지하고 그의 인도하심에 자기를 맡기는 것이다. 예수님의 부재로 인하여 시몬과 그의 동료들은 가벼운 공황 상태에 빠졌던 것으로 보인다. 여기서 찾아다님을 묘사하는 단어는 매우 강한 것으로서 그들은 거의 예수님을 '추적했다'(pursued).

여기서 우리는 예수님의 절제와 평정심을 볼 수 있다. 온 마을 사람들이 찾고 있다는 말을 들을 때 대부분의 자연스러운 반응은 그들에게 되돌아가서 그들을 만나고 그들의 필요를 충족시키기 위해 할 수 있는 일을 하는 것이다. 그러나 예수님의 반응은 정반대였다. 한 곳에서 모두가 그를 찾고 있다는 사실은 그에게는 반드시 다른 곳으로 가야 한다는 확고한 신호였다. 복음의 메시지는 가능한 한 넓게 전파되어야 했기 때문이다. 따라서 예수님은 갈릴리 전역의 마을 회당들을 두루 다니며 전도 여행을 시작한다. 그의 사역은 이전과 마찬가지로 가르치고 선포하며 귀신을 쫓아내는 것이었다.

예수께서 나병을 고치시다 (1:40-45)

⁴⁰그때 한 나병 환자가 예수께 와서 무릎을 꿇고 간청했다. "하고자 하시면 선생님께서는 저를 깨끗하게 하실 수 있습니다." ⁴¹예수께서 그를 불쌍히 여기시고 그의 몸에 손을 대며 말씀하셨다. "당연히 내가 원하는 일이다. 네 몸은 이제 깨끗하다!" ⁴²그러자 즉시 나병이 떠나가고 그는 완전히 깨끗해졌다. ⁴³예수께서 곧바로 엄히 경고하며 그를 보내셨다. ⁴⁴"누구에게도 아무 말도 하지 말아라. 곧바로 제사장한테 가서 몸을 보여주고, 이제 회복되었으니 모세가 정한 예물을 드려라. 그렇게 해서 몸이 나은 것을 당국자들에게 증명해라." ⁴⁵그러나 그는 나가서 공개적으로 수도 없이 많은 말을 하고 다니며 예수께 치료받은 이야기를 널리 퍼뜨렸다. 그래서 예수께서는 얼굴을 드러내고 마을을 드나들 수 없게 되었고, 바깥 외딴곳에 계셔야 했다. 그래도 사람들은 여전히 사방에서 예수를 찾아 모여들었다.

그 시절, 나병이 사람들에게 얼마나 큰 두려움과 혐오감을 주었는지 다 이해하기는 어렵다. 그 두려움은 지금도 어느 정도 여전히 남아 있다. 나는 우리나라의 어느 나병 수용소에서 1마일 정도 떨어진 곳에서 살았던 기억이 있다. 간호사와 의사들이 상인이나 택시 기사와 같은 평범한 사람들이 환자들과 가장 멀리 떨어진 곳에서 최소한의 접촉만 하게 하려고 겪었던 어려움을 기억한다. 수용소 사람들은 현대적 치료를 받고 있었고, 병세도 이미 억제되어 치유 과정을 밟고 있었다. 그들은 외모상으로 혐오스럽지 않았으며, 행동도 거부감이 없었고, 전염성도 전혀 없었다. 그러나 수 세기 동안 이어진 나병에 대한 두려움은 여전히 존재했다. 하물며, 그 머나먼 시절에는 사람들이 공포심뿐만 아니라 엄청난 혐오감을 느낄 정당한 이유가 있었다. 치료받지 못한 나병 환자에게는 돌봐줄 간병인도, 병을 치료할 약물이나 치료법도 없었다. 따라서 거부감을 주는 그들의 피부 발진, 흉터, 훼손된 신체는 그 누구라도 경악하게 만들기 충분했으며, 이는 유대 율법이 병에 대해 갖는 매우 엄격한 시각과는 별개로 누구든 거부감을 느낄 수밖에 없는 현실이었다.

이 나병 환자는 간절히 회복을 원했다. 평생 동료들로부터 외면당하며 살아온 그가 어떤 심리 상태였을지를 상상하는 것은 어렵지 않다. 그는 인간 이하의 취급을 받았고, 절망의 극한 상황에서 예수님께 기어가듯 나아왔다. 그러나 예수님은 '부정함'에 대한 다양한 유대법을 아셨음에도 불구하고, 오직 연민으로 가득 차 있었으며 상상을 초월하는 전례 없는 행동으로 손을 뻗어 그를 직접 만지셨다. 다시 한번 우리는 예수님의 권위를 마주하게 된다. 이번에는 '온전함이 질병을 지배하는 권위'이다. 치유는 예수님 임재의 모든 부분에서 집중되고 있는데, 병자에게서 질병이 떠날 것을 명령할 수 있는 권세가 예수님께 있었다. 결과적으로 이 명령은 완벽하게 이행되었고 질병은 완전히 사라졌다.

이 불쌍한 남자를 괴롭힌 특정 형태의 나병에 대하여 성경은 제법 자세히 기록하고 있다. 레위기 13장에는 나병의 일곱 가지 유형이 언급되어 있다. 현대의 일부 학자들은 이것이 실제 나병이 아니라 특별히 혐오스러운 피부 질환인 건선이었을 가능성을 제시하기도 한다. 그러나 이런 추측은 별 도움이 되지 않는다. 왜냐하면 예수님은 치료 행위와 그 이후의 지시를 통해 이 질병을 나병의 한 형태로 인정하셨기 때문이다. 예수님은 신실한 유대인이었기에 율법에 따라 정화를 위해 적절한 제물을 바치고 제사장에게 병자의 나은 몸을 보이라고 명령하는 것이 당연했다. 이것은 치료가 효과적이었음을 확증하는 것뿐만 아니라, 예수님의 말씀처럼 그 남자의 회복에 대한 '공적 증거'이기도 했다. 일부 학자들은 여기서 어려움을 느끼는 것 같다. 예수님께서 한편으로는 그 사람에게 입을 다물라고 하면서, 동시에 회복에 대한 공개적인 증명을 명령하시는지 이해하지 못하는 것이다. 그러나 나는 개인적으로 이것을 이해하는 데 어려움이 없다고 생각한다. 예수님은 자신이 기적을 행하는 사람으로 알려지는 것을 단호하게 원하지 않으셨다. 그리고 끔찍한 질병에서 치유된 사람이 그 사실에 대해 침묵하기가 얼마나 어려운지 잘 알고 있었다. 그러나 치유가 실제로 이루어졌기 때문에 율법의 정상적인 관행을 따르고 이적이 진짜임을 증명하는 데에는 모순이 전혀 없었다. 그러나 우리가 짐작할 수 있듯이 예수님의 경고는 무시되었다. 그 남자의 이해할 수 있는 수다스러움은 예수님이 예상하신 대로 그분의 계획에 불리하게 작용했다. 나병 치유는 전례가 없는 놀라운 사건이었기 때문에 예수님은 이제 어떤 마을에서도 자신을 나타낼 수 없게 되었다. 이번에는 다른 이유 때문이었지만 다시금 적막한 광야가 예수님을 기다리고 있었다. 그러나 각지에서 사람들이 예수님을 찾아 나오는 것을 멈추지 않았다.

2장

가버나움에서 만난 믿음 (2:1-13)

¹며칠 후 예수께서 다시 가버나움에 들어가시자, 그가 어느 집에 계시다는 소문이 퍼졌다. ²엄청난 무리가 모여들어 예수께서 말씀을 전하시는 동안에는 문 가까이에 갈 수도 없을 정도였다. ³그때 예수를 만나러 온 사람 중 네 명이 중풍병자를 데리고 왔다. ⁴그런데 인파 때문에 예수께 가까이 가지 못하자, 예수의 머리 위 지붕을 뜯어내고 그 구멍으로 중풍병자의 침상을 달아 내렸다. ⁵예수께서 그들의 믿음을 보시고 중풍병에 걸린 사람에게 말씀하셨다. "내 아들아, 네 죄가 용서되었다." ⁶그러나 거기에 앉아 있던 율법학자 몇이 속으로 자문했다. ⁷'어째서 이 사람이 이런 신성모독 발언을 하는 거지? 하나님 한 분 외에 누가 죄를 용서할 수 있단 말인가?' ⁸예수께서 즉시 그들의 생각을 알아채시고 말씀하셨다. "너희는 어째서 마

음속으로 그런 반박을 하느냐? ⁹중풍병자에게 '네 죄가 용서되었다'라고 말하는 것과 '일어나 네 침상을 들고 걸어가라'라고 말하는 것 중 어느 쪽이 더 쉬우냐? ¹⁰⁻¹¹그러나 인자가 땅에서 죄를 용서하는 전권이 있음을 너희에게 입증하겠다." 그리고 이번에는 중풍병자에게 말씀하셨다. "일어나 그대의 침상을 들고 집으로 가게." ¹²그는 즉시 벌떡 일어나서 자기 침상을 들고 사람들이 모두 보는 데서 걸어 나갔다. 모든 사람이 깜짝 놀라서 하나님을 찬양하며 말했다. "이런 일은 한 번도 본 적이 없다." ¹³예수께서 다시 호숫가로 나가시자 온 무리가 그에게 나아왔고, 예수께서는 계속 그들을 가르치셨다.

중요한 것은 치유자이자 설교자인 예수님이 이제는 거친 광야가 아닌 집 안에 계시다는 것이다. 예수님이 예상하신 대로 그곳은 사람들로 가득하다. 그가 광야를 떠나 이 집으로 오게 된 데에는 분명한 이유가 있었을 것이다. 그가 이 집으로 '인도'되었다고 생각하는 것은 절대로 지나친 상상이 아닐 것이다. 왜냐하면, 이곳에서 결정적이고 중요한 사건이 일어날 것이기 때문이다.

네 명의 친구들이 중풍병자를 들것에 실어 왔다. 문 앞에는 건장한 남자 한 사람도 들어갈 만한 공간이 없었기에 중풍병자를 들고 온 네 명의 친구들은 난감했다. 그런데 문대신 지붕으로 올라가는 것은 통상적이고 쉬운 일이었다. 이런 단층 주택 대부분은 외부 계단으로 연결된 평평한 지붕이 있었다. 이 네 명의 남자들은(아마도 젊고 모험심이 강한 사람들이지 않았을까?) 믿음으로 충만해 있을 뿐만 아니라 결단력과 영민함도 있었다. 우리는 그들이 문 앞의 거대한 인파라는 어려운 장애물을 만났을 때의 반응을 쉽게 상상할 수 있다. '친구여! 문으로 들어갈 자리가 없네. 그러면 그를 지붕으로 내리면 어떻겠나?' 우리는 그들이 얼마나 결연했는지를 짐작할 수 있을 뿐이다.

문자 그대로 '그들은 지붕을 뜯어냈다.' 우리가 여기서 상상하는 주택은 목재로 된 서까래 구조일 것이고, 많은 무게를 지탱할 필요가 없었으므로 그리 튼튼하지는 않았을 것이다. 목재 위에는 갈대와 흙, 돌 또는 기와 등이 얹혔을 수 있다. 우리는 최소한 그것이 단순한 차양이나 천막은 아니었다는 것을 확신할 수 있다. 그렇다! 결단력의 이 남자들은 진짜로 '지붕을 뜯어냈다.'

예수님은 놀라움을 보이지 않으셨지만, 병자를 데려오는 이 독특하고 기발한 방법에 미소를 지었을지도 모른다. 하지만 그분은 신속하고 예리하게 그들의 믿음을 주목하셨고, 즉시 중풍병자에게 죄사함을 선언하셨으며 곧바로 그 병자는 치유되었다. 우리는 중풍병자 자신의 믿음의 유무에 대해 아는 바가 없다. 아마도 늘 절망감 속에서 질병의 상태로 인하여 완전히 낙담하며 죄책감에 짓눌려 무거운 마음으로 살았을 법하다. 물론 마비의 원인이 정확히 무엇인지 알 수 없지만, 죄책감이 근본적인 원인이었다는 것은 분명하다. 예수님은 본능적으로 현대 정신과 의사가 몇 달이나 걸려서 알아낼 수 있는 것을 한순간에 아셨고, 설령 그 의사가 알아낸다 해도 환자가 용서를 받아들이도록 돕는 데는 실패할 수도 있는 그 일을 예수님은 단숨에 이루셨다. 감사하게도 그 일은 이루어졌다. 주목할 것은 예수님의 많은 이적은 마술이 아니었다는 점이다. 그것은 일반적인 치유 과정을 무한히 빠르게 앞당긴 것들이다. 믿음이 바로 이 순전한 선과 완전함의 엄청난 능력을 여는 열쇠인 것 같다. 오늘날 우리는 고통받는 사람에게 '더 많은 믿음을 가지라'고 강요함으로써 그들의 짐을 더 무겁게 만들 수 있다. 그러나 '믿음'에 대한 가장 큰 책임은 그들을 돌보고 사랑하는 우리 자신에게 있는지도 모른다. 우리는 과연 고통받는 이들을 위해 단호하게 '믿음으로' 기도하고 있는가?

마가가 '율법학자'에 대하여 처음으로 언급한 구절이 6절이다. 이들은 율법에 대한 지식과 그 해석을 교육받았으며 그 역할로 인해 사회에서 존경을 받았다. 이들은 아마도 이 작고 붐비는 집에서 '앞자리'에 앉았을 것이다. 마가는 율법학자들이 무슨 생각을 하고 있는지 알 수 없었지만 자연스럽게 추론할 수 있었다.

예수님은 민감한 통찰력으로 율법학자들의 마음을 즉시 알아차렸다. 그들은 자신들의 생각이 이렇게 정확하게 읽힌 것에 대하여 적잖게 당황했을 것이다. 그들에게 예수님의 말씀은 신성모독이었다. 예수님은 '하나님이 당신을 용서하실 것이다' 또는 '하나님이 당신을 용서하셨다'라고 하지 않으셨다. 그분은 '네 죄가 용서되었다'라고 말씀하셨다. 예수님은 이로써 확실히 자신에게 완전한 신적 기능을 부여하셨다. 율법학자들의 관심은 중풍병자에게 전혀 있지 않았다.

이 훌륭한 질문(9절)이 예수님이 순간적으로 생각하신 것인지, 아니면 조만간 일어날 상황에 대해 묵상하셨던 것인지는 우리가 알 수 없다. 그러나 이는 미묘하고 통찰력 있는 질문이며, 어떤 문학에서도 이처럼 놀랍고 재치있게 응수하지 못한다. 이 놀라운 질문이 제기하는 근본적인 문제들을 살펴보면 우리에게 도움이 될 것이다. (나는 그것들을 모두 열거하진 않을 것이다. 독자들 스스로 공부하기 바란다.)

더 이상 추측이나 논쟁은 필요 없다. 율법학자들은 이제 분명히 알게 될 것이다. 그들 눈앞에서 벌어지는 일을 더는 부정하거나 설명으로 얼버무릴 수 없다. 여기에서도 권위 있는 음성이 다시 드러난다. 우리는 순식간에 일어난 치유로 주변이 갑자기 조용해지는 것을 상상할 수 있다. 그런 다음 이 극적인 사건에서 하나님의 손길을 분명히 목도하는 사람들의 놀라움과 찬양의 소리가 들렸다. 마가는 그들이 하나님을 찬양했다고 기록했고, 그리고 이어지는 발언은 진정성의 모든 흔적을 보여준다. 평범한 사람들이라면 누구나 이 급진적인 사건에 대해 하나님을 찬양할 것이다.

이제 예수님은 밖으로 나가 다시 호수로 향하신다. (적어도 여기서는 사방으로 둘러싸일 수는 없다!) 사람들은 예수님을 따라 몰려들었고 예수님은 중단되었던 가르침을 계속하신다. 우리가 알 수 있는 이 가르침에 대한 기록은 극히 개요해 불과하다. 하지만 복음서들을 모두 합친다 해도 이 가르침은 항상 예수님의 사역의 핵심적인 부분이었다. 사람들은 보통 단순히 병 고침이나 어떤 능력의 시연만으로 근본적으로 변하지 않는다. 그들은 하나님과 생명 그리고 자기 자신에 대해 배워야 할 필요가 있다. 또한 하나님의 나라가 (천국에 뿌리를 두고 있지만) 그리스도의 오심과 함께 인간의 역사 속으로 관통하였다는 사실을 거듭해서 기억해야 한다.

예수께서 '죄인'을 불러 자신을 따르게 하시다 (2:14-17)

¹⁴예수께서 길을 가시다가 세무서에 앉아서 일하는 알패오의 아들 레위를 보시고 그에게 말씀하셨다. "나를 따라오게!" 레위는 일어나서 예수를 따라갔다. ¹⁵그 후 예수께서 레위의 집에서 저녁 식사를 하실 때, 수많은 세금 징수원과 평판이 좋지 않은 사람들이 예수와 제자들과 같이 있었다. 예수를 따르는 이들 중에는 그런 사람들이 많았다. ¹⁶바리새인 율법학자들이 예수께서 세금 징수원과 사회에서 소외된 자들과 함께 식사하는 것을 보고 제자들에게 말했다. "그는 세금 징수원과 죄인들과 함께 식사를 하는군요!" ¹⁷예수께서 그들에게 말씀하셨다. "건강하고 원기 왕성한 이들은 의사가 필요 없다. 아픈 이들이 의사를 찾는다. 나는 '의인'이 아니라 '죄인'을 초청하러 왔다."

로마인들은 제국이 요구하는 세금에 대한 책임을 부유한 시민들에게 맡겼다. 이러한 '견실한 시민들'(solid citizens)은 세금을 징수하는 실제 업무를 세금 징수원들에게 맡겼다(킹제임스성경에서는 '세리'로 번역하였다). 이런 구조는 부도덕하고 탐욕스러운 사람들에게 기회의 문을 활짝 열어줬다. 부패는 흔한 현상이었고, 세리들은 사실상 로마의 앞잡이 역할을 했을 뿐 아니라, 대부분의 청렴한 사람들에

게 경멸을 받는 존재였다.

예수님은 이 평판이 좋지 않은 부류에서 다음 제자 레위를 부르신다. 레위는 끝내지 못한 일이 분명 많았겠지만, 분주한 책상을 벗어나 즉시 일어나 예수님을 따랐다. 어떤 의미에서 레위는 베드로, 안드레, 야고보, 요한보다 더 많은 것을 뒤로 한 채 떠났다. 다른 제자들은 언제든지 고기 잡는 일로 돌아올 수 있었다. 그러나 레위는 다시는 돌아갈 수 없는 세금 징수원이라는 직업을 포기했다. 알패오의 아들인 이 레위가 나중에 사도들의 명단에서 마태라는 이름으로 기록된 이와 동일 인물임에는 의심의 여지가 없다(막 3:18 참조).

이 연회(누가는 이를 '큰 연회'라고 부른다)는 마태의 집에서 열렸을 가능성이 높아 보인다. 그가 옛 친구들과 사회적 '경계' 밖의 사람들을 초대하는 것은 너무도 자연스러운 일이었다.

'바리새인의 율법학자들'(The scribes of the Pharisees)이라는 용어는 1881년 개정판 성경에 나오는 헬라어의 문자적 번역이다. 이 표현은 나에게는 그리 말이 되지 않는 듯하다. 그런 표현이 의미하듯, 바리새인 개인이 자신만의 율법학자 집단이나 참모를 두었다고 생각할 만한 근거는 없다. 그러나 바리새인이 율법학자들의 전문화된 기술적 지식을 습득한다고 해서 문제될 것은 전혀 없었다. 그렇다면 그는 '바리새파 출신 율법학자'이거나 혹은 '바리새인이기도 한 율법학자'라고 불릴 수 있는 것이다.

예수님께서 하신 또 다른 폐부를 찌르는 날카로운 말씀이 17절이다. 스스로 거룩하고 구별된 존재라고 자부하는 바리새인들이 이 뒤섞인 무리를 얼마나 업신여겼을지 상상할 수 있다. 율법의 모든 측면에 대해 자세하고 정확한 지식을 가지고 있다고 자부하는 율법학자들도 경멸의 시선을 보냈을 것이다. 예수님의 농축된 선포는 다시 한번 양쪽 집단의 오만한 갑옷을 뚫는 데 실패하지 않았다. 주님의 실제적 말씀은 이런 것이다. '당신들은 너무 건강해서 앞으로 더 이상의 도움이 필요 없다는 말인가? 그렇다면, 고통받는 사람들에 대한 당신들의 태도는 어떠해야 하는가? 그들이 병들었다면, 당신들은 치료하기 위해 무엇을 할 수 있겠는가?'

여기서 '초청하다'로 번역한 단어는 그 자체로 그 의미가 있다. 이것은 파티나 축제에 초대장을 발행할 때 사용하는 자연스러운 동사이다. 마태의 집에서 베풀어졌던 예수님의 '파티'는 결코 자신들이 건강하다고 알고 있는 사람들만을 위한 독점적인 모임이 아니었다. 그분의 초대는 자신이 궁핍하다는 것을 알고 있고, 자신들의 영적인 빈곤을 알고 있으며, 삶이 피곤하고 무거운 일로 느껴지는 사람들을 위한 것이었고 지금도 그렇다. 예수님이 환영하시는 사람은 자신의 선함을 주장하는 사람들이 아니라 자신의 필요를 알고 있는 절박한 사람들이다.

금식 논쟁 (2:18-22)

[18]요한의 제자들과 바리새인들이 금식을 하고 있었다. 그들이 예수께 가서 말했다. "요한을 따르는 이들과 바리새인들은 금식 규정을 지키는데, 왜 선생님의 제자들은 지키지 않습니까?" [19]예수께서 그들에게 말씀하셨다. "신랑과 함께 있는 결혼식 하객들이 금식을 하겠느냐? 신랑이 함께 있는 한 금식은 고려할 가치도 없다. [20]그러나 신랑을 빼앗길 날이 올 것이다. 그때가 금식할 때다." [21]예수께서 이어서 말씀하셨다. "아직 빳빳한 새 천 조각을 덧대 낡은 외투를 꿰매는 사람은 없다. 그렇게 하면 새 천 조각이 낡은 옷을 잡아당겨 구멍이 이전보다 더 커진다. [22]또한 새 포도주를 낡은 가죽 부대에 넣는 사람은 없다. 그렇게 하면 새 포도주가 가죽 부대를 터뜨려, 포도주가 쏟아지고 부대도 못 쓰게 된다. 새 포도주는 새 가죽 부대에 넣어야 한다."

요한의 제자들은 바리새인을 비롯한 많은 신실한 유대인들처럼, 금식을 그들의 영적 훈련의 일부로 사용했다. 실제로 구약성경은 특정한 상황에서 금식을 인정했지만, 예수님의 시대에 이르러서는 금식이 너무 복잡한 의식이 되어서 그 원래의 목적을 거의 상실하게 되었다. 이에 대해 예수님은 금식의 적절한 시기를 언급하시며, 자신이 누구인지 상기시켜 주신다. 즉 그는 제자들의 기쁨의 중심이다. 지금처럼 '신랑'과 함께 있는 동안에 금식하라는 것은 결혼식 피로연에서 금식하라고 요구하는 것과 마찬가지로 어울리지 않는 일이다. 그러나 이 시간은 곧 끝나게 될 것이고, 예수님은 대부분의 제자가 예상하지 못한 사실, 즉 신랑이 그들로부터 떠날 때, 슬픔과 금식의 시간이 분명히 올 것을 예견하셨다.

예수님은 사실상 이렇게 말씀하신다. "나와 함께 세상에 완전히 새로운 것이 찾아왔다." 낡은 옷을 덧대거나 필사적으로 낡은 가죽 포도주 부대를 늘리는 것으로는 그분이 가져온 새로운 시대를 감당할 수 없다. 그것은 새롭고 강력하며 역동적이다. 복음은 어떤 율법 체계 안에도 갇힐 수 없다. 그 안에는 자유가 있고, 폭발적인 기쁨이 있다.

예수께서 안식일 엄수주의자들을 꾸짖으시다 (2:23-28)

²³어느 날 예수께서 안식일에 밀밭 사이를 지나가고 계셨다. 그런데 제자들이 가면서 이삭을 자르기 시작했다. ²⁴바리새인들이 예수께 말했다. "저것 좀 보세요! 저들이 어째서 안식일에 하지 말라고 한 행동을 하죠?" ²⁵예수께서 그들에게 말씀하셨다. "너희는 다윗 일행이 먹을 것이 없어 배가 고팠을 때 다윗이 한 일을 읽지 못했느냐? ²⁶그는 아비아달이 대제사장일 때 하나님의 집에 들어가서, 제사장들 외에 누구도 먹어서는 안 되는 제단의 빵을 먹고 심지어 일행에게도 주지 않았느냐?" ²⁷예수께서 이어서 말씀하셨다. "안식일이 사람을 위해 있는 것이지 사람이 안식일을 위해 있는 것은 아니다. ²⁸그러므로 인자는 안식일의 주인이기도 하다."

이 자체로는 사소한 사건일 뿐이다. 이삭 몇 줄기를 가볍게 뽑는 것을, 땀 흘리며 먼지를 뒤집어쓰고 하는 수확의 고된 노동과 비교하다니, 참으로 우스운 일이다. 그러나 예수님은 '인간'과 '율법'이 올바른 관점에서 이해되기를 원하셨다. 그분도 그들만큼이나 안식일에는 수확의 힘든 노동이 금지되어 있다는 것을 잘 알고 계셨다(출 34:21). 그러나 사람은 안식일을 위해 존재하는 것이 아니다. 안식일은 일주일 동안 힘들게 수고하는 노동에서 인간을 보호해 주는 날이었다. 예수님은 논쟁을 적의 진영으로 이동시킨다. 그들은 사람들이 유대 율법과 선례에 따라 살아야만 한다고 믿었다. 그렇지 않은가? 그렇다면 그들은 자신들의 소중한 율법을 참고하여, 다윗과 그의 부하들이 굶주릴 때 먹을 수 있는 음식이 '회막'에 놓인 열두 개의 빵뿐이었을 때 성경에서 그들이 어떻게 행동했는지 보아야만 한다. 그때는 단지 장막이었고, 매주 새롭게 드리는 열두 개의 빵은 하나님의 임재, 특히 공급자이신 하나님을 끊임없이 상기시키는 역할을 했다.

예수님은 이 교훈을 강조하신다. 안식일은 단지 하나의 제도일 뿐이지만, 사람은 살아있는 영혼이다. 안식일은 사람을 섬기는 것이지, 사람을 지배해서는 안 된다. 인자(즉, 대표적 인간, 또는 하나님이 원하시는 본래의 인간상)는 안식일에도 주인이시다.

(역사적 정황에 민감한 사람들에게는 아비아달에 대해 약간 혼란이 있을 수도 있다. 삼상 22:11에 따르면 아히멜렉은 대제사장이었고 아비아달은 그의 아들 중 하나였다. 여러 성경 전문가들은 히브리어 원문에 다소 혼란이 있다는 것에 동의한다. 분명 예수님과 그의 청중은 아비아달을 중심으로 전해지는 판본에 익숙했을 것이다.)

3장

> ¹또 다른 안식일에 예수께서 회당에 들어가셨을 때, 한쪽 손이 오그라든 사람이 있었다. ²사람들은 예수를 고발하려고 예수께서 안식일에 그를 고치시는지 면밀히 주시했다. ³예수께서 손이 오그라든 사람에게 말씀하셨다. "일어나 이리 앞으로 나오게." ⁴그리고 예수께서 그들에게 물으셨다. "안식일에 선을 행하는 것이 옳으냐, 해를 입히는 것이 옳으냐? 생명을 구하는 것이 옳으냐, 죽이는 것이 옳으냐?" 실내는 쥐죽은 듯 조용했다. ⁵그때 예수께서 그들의 무정함을 감지하시고 심히 마음이 상하여 분을 내시며 주변에 있는 이들의 얼굴을 둘러보시고, 손 오그라든 사람에게 말씀하셨다. "손을 내밀게!" 그가 손을 내밀자 손이 회복되었다. ⁶바리새인들은 곧바로 나가서 어떻게 예수를 제거할지 헤롯당과 의논했다.(3:1-6)

이 사건은 다음 안식일에 일어났을 수도 있고, 누가복

음에서 말하는 것처럼 '다른 안식일'에 일어났을 수도 있다. 주석가들은 흔히 이 사건이 이삭 뽑는 사건 가까이에 배치되어 있는 것을 두고, 세 복음서 저자들이 의도적으로 사건의 순서를 '이동'시켰다고 말한다. 하지만 나는 그들이 복음서의 사건들을 '이동'시켜 하나의 패턴을 형성하려 한다는 것에 대해 왜 그렇게 확신에 차서 이야기하는지 이해할 수 없다. 오히려 아버지와 친밀한 교제 안에서 거하셨던 예수님께서 하나님의 계획을 따르셨다고 보는 것이 훨씬 타당해 보인다. 예수님은 무작정 돌아다니다가 어디에서든 사람들을 모을 수 있는 곳에 멈추는 방랑하는 전도자가 아니다. 그는 그를 보내신 분의 뜻을 이행하는 데 헌신한 자로서 분명한 목적을 가지고 움직이셨다. 그리고 안식일의 문제가 매우 근본적인 문제였기 때문에, 안식일이 사람을 위해 만들어진 것이지 사람이 안식일을 위해 만들어진 것이 아니라는 원칙을 다시 한번 공개적으로, 그리고 잊을 수 없는 방식의 행동으로 보여주는 것이 예수님의 의도적인 선택이지 않았을까?

확실히 우리는 다시 가버나움 회당에 돌아왔다. 예수님을 지켜보던 사람들은 이전에도 그분의 사역을 목격했던 이들이다. 율법의 엄격한 내용에 따르면, 안식일에 고통에서 구제를 받을 수 있는 경우는 생명이 실제로 위험에 처해있을 때뿐이었다.

　한쪽 손이 오그라들어 마르고 쇠약한 남자는 아마 눈에 띄는 인물이었을 것이다. 전승에 따르면 그는 목공일 가능성이 있으나, 어떤 일을 했든 그는 근육 위축 같은 어떤 문제로 인해 심각하게 장애를 겪고 있었을 것이다. 그가 자리에서 일어나 모든 사람이 분명히 볼 수 있는 곳에 서기 위해서는 상당한 용기가 필요했을 것이다. 분명히 예수님은 이전과 같은 권위 있는 목소리로 말씀하신다. 그리고 이번에도 그분은 명확하게 그 핵심을 드러내고자 하신다. 즉, 금기와 금지의 율법과 사랑의 율법 사이에 있는 본질적인 차이를 분명하게 밝히시는 것이다.

　예수님의 또 다른 예리하고 응수할 수 없는 질문이 4절에 나온다. 이 질문은 예수님의 반대자들이 대답할 수 없는 것이었다. 왜냐하면 그들이 상식적인 대답을 할 경우, 그들 자신의 율법주의적이고 비인간적인 태도를 드러낼 것이기 때문이었다. 마가만이 이 질문 뒤에 이어진 완전한 침묵을 기록한다. (아마도 이것은 베드로가 특별히 기억하고 마가에게 전달한 장면일 것이다.) 예수님은 '주변을 둘러보셨다'. 이렇게 빠르게 살피는 눈길로 둘러보는 것은 마가복음에서 여섯 번 정도 사용하는 표현이다. 이것 또한 아마도 베드로가 생생하게 기억하고 마가에게 전달한 예수님의 특징적인 행동일 것이다.

　예수님은 마음이 상하셨고, 동시에 분노하셨다. 예수님은 그들의 '비인간성'에 '상처'받았거나 아마도 '슬픔'을 느꼈다고 할 수 있다. 이 단어는 문자 그대로 '마음이 굳어짐'을 의미한다. 히브리인들에게 감정보다는 마음이 생각의 중심이었다. 이는 인간의 정상적인 사고 과정을 굳게 하는 것으로, 다른 인간의 고통에 대한 태도를 무감각하게 만들었다. 이것이 바로 예수님을 깊게 상처받게 하는 것이다. 동시에 그분은 분노를 느꼈는데, 이것은 피할 수 있는 악에 대항하는 선한 사람의 정당한 분노였다. 그들을 둘러보시는 예수님의 얼굴에 이 분노가 나타났을 것이다. 그리고 예수님은 즉각적으로 명령하셨고, 그 명령과 동시에 즉시 치유가 일어났다.

　누구도 어떠한 말도 하지 않았으며, 심지어 이루어진 선을 위해 하나님께 찬양조차 드리지 않았다. 마가가 기록한 것은 바리새인들이 마치 항의하듯 걸어 나갔다는 것뿐이다. 그들이 헤롯 당파와 결탁한 것은 분명히 이상한 연합이었다. 우리가 아는 한 헤롯 당파는 종교집단이 아닌 친로마적인 색채가 강한 정치 그룹이었다. 그들이 예수님을 혐오하는 이유는 바리새인들과는 전혀 다르지만, 정치적 증오와 종교적 증오를 깊이 공유하면서 기괴한 동맹을 맺었다. 그들의 의도는 의심의 여지 없이 예수님을 죽이는 것이었다.

예수의 엄청난 인기 (3:7-12)

7-8그때 예수께서 제자들과 함께 호숫가로 물러나시자, 거대한 무리가 예수를 따라갔다. 갈릴리뿐 아니라, 유대와 예루살렘과 이두매에서도 오고, 일부는 요단강 건너편 지역과 두로와 시돈 인근에서도 왔다. 이 거대한 무리가 예수께 모인 것은 그가 하신 일을 들었기 때문이었다. 9예수께서는 사람들이 너무 가까이 몰려들 경우를 대비하여, 제자들에게 작은 배 한 척을 준비해두라고 말씀하셨다. 10예수께서 아주 많은 사람을 고쳐주시자, 아픈 이들이 다 예수께 손을 대려고 계속 밀려들었기 때문이다. 11귀신들은 예수를 보자마자 그의 권위를 인정하며 큰소리로 외쳤다. "당신은 하나님의 아들입니다!" 12그러나 예수께서는 자신을 알리지 말라고 거듭 그들에게 경고하셨다.

예수님은 자신의 생명이나 적어도 자유에 대한 위협을 감지하셨을 수도 있다. 이제 그분은 다시 호숫가 동네로 돌아오신다. 그분을 따르는 대규모 군중은 모두 지역 주민만은 아니었다. 사람들은 갈릴리뿐만 아니라 남쪽의 예루살렘, 유대, 이두매, 동쪽으로는 베레아, 심지어는 북서쪽의 두로와 시돈 주변의 해안 지역에서도 몰려왔다.

작은 배는 한 번 이상 사용되었으며, 이제부터는 회당 설교자의 장소로 사용된다.

이 장면에 대한 베드로의 기억이 조금 과장된 것일지라도 (그럴 이유가 없다고 생각하지만), 매우 많은 군중이 악하고 더러운 귀신들을 내어 쫓으신 이 치유자를 '만지려고 앞으로 나아갔다'는 것은 분명하다. (글자 그대로 '밀려들었다.') 예수님은 치유받은 사람들 (특히 '그를 인식한' 귀신들)에게 다시 한번 그가 누구인지 알리지 말라고 경고하신다. 이는 아직 때가 아니었고, 또한 그들이 예수님의 진정한 사명을 선포할 적임자도 아니었기 때문이다. 예수님은 이 경고를 반복적으로 하신 것일 수도 있고, 강하게 단번에 하신 것일 수도 있는데, 헬라어 본문은 이 점에 대해 명확한 의미를 제공하지는 않는다.

예수께서 열두 사도를 선택하다 (3:13–19)

> ¹³그 후 예수께서 산으로 올라가 원하시는 사람들을 부르시자, 그들이 예수께 나아왔다. ¹⁴예수께서 열두 사람의 무리를 지명하여 동반자로 삼으셨다. 그리고 이들을 보내셔서 말씀을 선포하게 하시고 ¹⁵귀신을 쫓아내는 능력도 주셨다. ¹⁶예수께서 지명하신 열두 명은 다음과 같다. 베드로[예수께서 시몬을 부르시는 새 이름], ¹⁷세베대의 아들 야고보와 그의 형제 요한[예수께서 이들을 '천둥 같은 소리를 내는 이'라는 뜻으로 보아너게라고 부르셨다], ¹⁸안드레, 빌립, 바돌로매, 마태, 도마, 알패오의 아들 야고보, 다대오, 애국자 시몬과 ¹⁹예수를 배반한 가룟 유다이다.

예수님은 호수 위의 한 언덕으로 올라가셨다. 누가복음에 따르면 예수님은 열두 사도를 선택하기 전에 밤새도록 기도하셨다. 이것은 아마도 마가에게 많은 이야기를 해 준 베드로에게는 알려지지 않은 사건일 수도 있다. 예수님은 그들을 불러 모으시고 그들을 그분께 나아온다.

나는 헬라어 표현을 '열두 사람의 무리'라고 번역했다. 문자 그대로는 '그가 열둘을 세우셨다'라는 뜻인데, 이것은 헬라어에서는 매우 자연스러운 표현이다. 이 말은 예수께서 자신이 선발한 사람들로 이루어진 공동체를 세우셨다는 의미를 내포하고 있다. 이는 그들이 그분과 함께하며 사역을 돕기 위해서였다. 예수님은 이 열두 사람에게 복음을 전하고 귀신을 쫓아내는 능력을 부여하셨다.

베드로는 예수님이 시몬에게 새롭게 주신 이름이었다. 그의 이름은 그가 갑작스럽게 예수님의 주되심에 대한 진리를 고백했을 때, 예수님에 의해 공식적으로 바뀌었다(마 6:18 참조). 이 새 이름(혹은 히브리어로 게바)은 신약 전체에서 사용된다. 베드로는 그 이름으로 많은 교회에서 수년 동안 불렸으므로, 마가에게 자신이 어떻게 베드로가 되었는지 굳이 언급하지 않은 것은 아주 당연한 일이다.

보아너게는 아마도 그들의 갑작스런 분노를 표시하기 위해 농담처럼 사용된 별명일 것이다(눅 9:54 참조). 이 이름은 신약에서 다시 사용되지 않는다.

예수께서 터무니 없는 비방의 모순을 폭로하시다 (3:20-30)

> 그러고 나서 예수께서 집 안으로 들어가셨다. ²⁰그러나 다시 무리가 모여들어 식사할 겨를조차 없었다. ²¹예수의 친족들이 이 소식을 듣고 그를 돌보려고 나섰다. 사람들이 "그는 제정신

이 아니다!"라고 말했기 때문이다. ²²예루살렘에서 내려온 율법학자들은 예수가 바알세불이 들렸고, 마귀의 우두머리와 짜고 마귀를 쫓아내었다고 말했다. ²³그래서 예수께서 그들을 불러 놓고 비유로 말씀하셨다. "사탄이 어떻게 사탄을 쫓아낼 수 있느냐? ²⁴나라에 내분이 일어나면 그 나라는 오래갈 수 없다. ²⁵가정에 내분이 일어나도 오래갈 수 없다. ²⁶만약 사탄이 사탄에게 맞서 반란을 일으켜 그의 사병들이 분열하면 그는 살아남을 수 없고 곧 최후를 맞이할 것이다. ²⁷강한 사람의 집에 침입해서 재산을 훔치려면 먼저 강한 사람의 손발을 묶어야 한다. 그렇게 하면 집 전체도 빼앗을 수 있다. ²⁸장담하건대, 모든 사람의 죄와 온갖 신성모독의 말들은 용서받을 수 있다. ²⁹그러나 성령을 모독하면 절대 용서받지 못한다. 그것은 영원한 죄다." ³⁰예수께서 이런 경고를 하신 것은 그들이 "그는 귀신의 권세 아래 있다"라고 말했기 때문이다.

예수님의 '친족들'이나 '가까운 친구들'의 의도는 의심할 여지 없이 선의였을 것이다. 어쩌면 그들은 예수님이 갑작스러운 성공에 도취되었거나, 매일매일 겪는 엄청난 정신적 부담감 때문에 정신이 혼미해졌을 수도 있다고 생각했을지도 모른다. 어쨌든 그들은 예수님을 보살피고 적절한 휴식과 음식을 제공하려 했던 것으로 보인다.

'바알세불'(Beelzebub)은 일반적으로 '파리 떼의 주인'이라는 뜻으로 해석되지만, 더 정확한 고대 사본에 따르면 'Beelzebul'이 더 나은 독법으로 여겨진다. 이 이름의 의미는 다소 모호하고 해석이 분분하다. 어떤 학자들은 이것을 '더러움의 주인'으로 보며, 또 다른 이들은 '거주지의 주인'이라고 해석하는데 이는 세상을 지배하는 자와 지하 세계의 주인을 의미한다. 예수님은 분명히 이 악의 우두머리를 알고 계셨고, 흔히 '사탄'이나 '귀신'이라는 대중적인 이름으로 부르셨다. 그는 또한 이 악의 힘을 '이 세상을 다스리는 영'이라고 부르신다(요 12:31).

예수님은 자신이 마귀와 결탁해 있다는 율법학자들의 주장이 터무니없다는 것을 즉시 보여주신다. 또한 사탄의 영역에 들어가 그것을 파괴하기 위해서는 강력한 영적 힘이 필요하다는 점을 강조하신다. 이것은 분명히 예수님의 역할이었다(요일 3:8을 참조하라).

많은 사람이 '용서받을 수 없는 죄'에 대해 두려워하거나 염려하곤 했다. 하나님의 자비는 한없이 크지만, 악이 옳고 선이 잘못된 것이라는 확신을 완고하게 지키는 사람에게는 하나님의 용서가 적용될 수 없다. 물론 그 사람이 회개하거나 회심한다면 용서받을 수 있다.

율법학자들은 매우 심각한 영적 위험에 처해 있었다. 그들은 예수님의 사역이 악한 세력에 의해 이루어졌다고 자신과 서로를 설득함으로써 용서받을 수 없는 죄에 들어선 것이다. 이 신성모독은 '영원한 죄', 즉 시간과 공간을 넘어서 지속되는 죄이다. 율법학자들은 비록 완악했지만, 예수님의 이러한 엄중한 말씀을 어느 정도 두려움을 가지고 들었을 것이다.

그 나라의 새로운 가족 (3:31-35)

> ³¹그때 예수의 어머니와 형제들이 도착했다. 그들은 집 밖에 서서 예수께 나와서 보자는 말을 전했다. ³²무리가 예수의 주위에 둘러앉아 있을 때 전갈이 전해졌다. "선생님의 어머니와 형제들이 밖에서 선생님을 찾습니다." ³³예수께서 대답하셨다. "누가 진짜 나의 어머니고 형제들이냐?" ³⁴그러고는 주위에 둘러앉은 이들의 얼굴을 둘러보시며 말씀하셨다. "여기, 내 어머니와 형제들이 있다. ³⁵하나님의 뜻을 행하는 이는 누구든 내 형제요, 자매요, 어머니이다."

이제 나사렛 가족의 핵심인 어머니 마리아와 형제들이 도착한다. 우리는 예수님이 효심이나 가족애가 부족한 분이라고 상상할 수 없다. 하지만 그분은 자신이 세상의 모든 이들의 그리스도, 구주, 남편, 형제, 친구라는 것을 알고 계셨다. 그 결정은 분명 고통스러웠을 테지만, 그는 한 지상의 가족에 묶일 수 없다는 것을 알고 계셨다. 그러므로, 하나님의 뜻을 행하는 자들이야말로 진정한 가족이라는 진리를 공개적으로, 그리고 분명하게 선언하신다.

4장

씨 뿌리는 사람 이야기 (4:1-20)

¹예수께서 다시 호숫가에서 그들을 가르치기 시작하셨다. 이전보다 더 큰 무리가 모여들어 예수께서는 호수 위에 있는 작은 배에 올라타 앉으셨고, 무리는 물가까지 들어찼다. ²예수께서 많은 비유로 가르치셨다. 그는 이렇게 말씀하셨다. ³"잘 들어라! 한번은 어떤 사람이 씨를 뿌리러 나가서 ⁴뿌렸는데, 길가에 떨어진 씨들은 새들이 가서 눈 깜짝할 사이에 다 먹어 치웠다. ⁵일부는 흙이 거의 없는 바위 사이에 떨어져서, 땅이 깊지 않아 금세 싹이 났다. ⁶그러나 해가 뜨자 누렇게 타 버렸고, 뿌리가 없어서 시들어 죽어버렸다. ⁷일부는 가시덤불 사이에 떨어졌는데, 가시가 자라 그 싹을 옥죄어버려 소출을 내지 못했다. ⁸일부는 좋은 토양에 떨어졌는데, 싹이 나고 자라서 씨의 30배 혹은 60배 혹은 100배까지 소출을 냈다." ⁹그러고는

이렇게 덧붙이셨다. "들을 수 있는 사람은 다 들어라!" [10]그 후, 예수를 가까이 따르는 이들과 열두 제자가 그들만 있을 때, 비유에 대해 묻자 [11]예수께서 그들에게 말씀하셨다. "너희는 하나님 나라의 비밀을 받았다. 그러나 비밀을 알지 못하는 이들에게는 모든 것이 여전히 비유로 남아 있다. [12]그래서 그들이 보기는 보지만 알아차리지 못하고, 듣기는 듣지만 깨닫지 못한다. 이는 다시 돌아오지 못하도록, 용서받지 못하도록 하려는 것이다." [13]예수께서 이어 말씀하셨다. "정말 이 비유를 깨닫지 못하느냐? 그러면 다른 비유는 어떻게 깨닫겠느냐? [14]씨를 뿌리는 사람이 뿌리는 것은 말씀이다. [15]길가에 해당하는 이들의 경우, 그들이 말씀을 듣자마자 곧바로 사탄이 가서 그 마음에 뿌린 것을 가져가 버린다. [16]또 바위 사이에 떨어진 씨는 주저 없이 말씀을 듣고 기쁘게 받아들이는 이들을 나타낸다. [17]그러나 그들은 진짜 뿌리가 없어 오래가지 못한다. 말씀 때문에 고통이나 박해를 받으면 곧바로 믿음을 저버린다. [18]가시덤불에 떨어진 씨들이 있다. 이들도 말씀을 듣지만, [19]세상의 염려와 화려한 거짓 부와 각종 야망이 기어들어와, 말씀을 들어 생겨난 생명을 옥죄어 그들의 삶에서 소출을 내지 못한다. [20]좋은 토양에 뿌린 씨란, 말씀을 듣고 받아들여 30배, 60배, 100배까지 소출을 내는 사람들을 의미한다."

호숫가의 고요한 분위기 속에서 물가로 몰려드는 군중에게 예수님의 음성이 들려온다. 마가는 예수님이 비유를 통해 많은 것을 가르치셨다고 말하면서 여기서 두 가지를 언급한다. 우리는 '비유'로 가르치는 방법에 대해 조금 의아해할 수도 있지만, 예수님은 그의 청중들을 잘 알고 계셨다. 형식적이고 따분한 가르침은 금세 잊히지만, 마음에 그림을 그려주는 이야기는 머릿속에 더 쉽게 이해되어 남아 있다가 나중에 생각으로 떠올라 묵상하게 한다.

우리는 그 당시 씨를 뿌리는 농부의 소비적이고 비효율적인 행동에 대해 의문을 가질 수 있다. 한 사람이 얕은 바구니에 담긴 씨앗을 매우 비옥한 땅에 흩뿌리는 식이었다. 이후에는 원시적인 쟁기로 밭을 갈아 씨앗을 흙 속에 묻었지만, 첫 단계부터 씨앗은 심각한 위험에 노출되어 있다. 일부는 밭 가장자리의 길가에 떨어졌다. 당시 밭에는 울타리나 경계가 없었기 때문이다. 씨앗 일부는 흙이 거의 없는 바위 사이에 떨어지기도 했다. 또 일부는 '가시덤불'에 떨어졌다. 이런 가시는 우리가 알고 있는 엉겅퀴와는 다르며, 아랍지역의 매우 흔한 잡초인 '나브크'(nabk)로 뒤덮힌 땅으로 생각해야 한다. 이 잡초가 발아하면 초기에는 곡식과 매우 비슷해 보이지만, 결국에는 왕성한 생명력으로 인해 곡식의 생명을 질식시킨다.

우리 중 많은 사람이 이 비유를 어린 시절부터 알고 있을지라도, 중요한 핵심을 놓칠 수 있다. 하나님의 말씀, 곧 하나님의 메시지는 결코 강압적인 힘으로 강제로 주입되지 않으며, 또한 기적적인 치유나 축사 현상을 보고 믿게 되는 것도 아니다. 아니, 하나님의 말씀은 성장과 재생산의 본질적인 능력을 지니고 있지만, 그것은 사람들의 마음속에 뿌려지며, 세상의 곡식처럼 상실되거나 파괴될 위험에 노출되어 있다.

예수님의 9절의 경고는 방금 하신 말씀에 깊고 중대한 진리가 담겨 있음을 청중에게 전하기 위한 것이었다. 그들은 이 이야기를 듣는 특권을 얻었지만, 그것이 실제로 무엇을 의미하는지 생각할 책임도 가지고 있었다.

어떤 의미에서는 하나님의 복음은 공개된 비밀이지만, 또 다른 의미에서는 여전히 신비로 남아있다. 얕은 생각이나 게으름 또는 마음의 교만함을 가진 사람들에게는 기독교 신앙의 위대한 진리가 모호하거나 심지어 무의미하게 보일 수 있다.

사람들이 자기 마음을 세속적인 가치에 물들도록 하면, 그들은 영적인 진리에 대해 소경이 된다. 여기서 예수님은 이사야 6:10을 인용하셨고, 이는 요한복음 12:40과 사도행전 28:26에서도 반복된다. 아무도 이 눈먼 상태가 치료

불가능하다고 주장할 수는 없을 것이다. 그러나 신약성경은 이 흔한 현상이 제거되지 않으면, 예수의 죽음과 부활의 가르침은 '방해물'이나 '터무니없는 말'로 남게 된다고 말한다(고전 1:23을 참조하라).

씨앗은 하나님의 메시지이며, 이 비유는 그 메시지가 어떻게 다양하게 받아들여질 수 있는지를 보여준다. 어떤 사람들은 듣기는 하지만, 메시지가 귀를 넘어 마음까지 이르지 못한다. 또 어떤 이들은 메시지를 좋은 소식으로 여기고 열광적으로 받아들이지만, 지속력이 없다. 곤경이나 박해에 직면했을 때, 그 메시지를 위해 견디고 책임 있는 행동을 할 준비가 되어 있지 않기 때문이다. 그리고 어떤 사람들은 진지하게 하나님의 말씀을 받아들이지만, 실존적 삶의 압력이라고 불리는 많은 것들과 여유로움과 부유함에 대한 열망으로 인해 사실상 말씀을 질식시키고 만다. 이 세상의 일들이 너무 크게 부각되어 본래의 말씀이 주는 영향력이 완전히 상실되는 것이다. 마지막으로, 하나님의 말씀을 깊이 받아들여 수년에 걸쳐 바울이 말한 '성령의 열매'를 풍성하게 맺는 사람들도 있다(갈 5:22).

이 간단하고 기억하기 쉬운 비유는 하나님의 나라에 관한 메시지를 전하고 가르치거나 여러 다양한 방법으로 전달하는 사람이라면 누구에게나 익숙하다. 우리는 안타까운 경험을 통해, 하나님의 말씀이 선포될 때 사람들이 그것을 받아들이지 않거나 이해하지 못하거나 심지어 거부하기도 한다는 것을 알고 있다. 예수님이 그 말씀 자체가 아니라 말씀이 전해지는 취약한 상황을 미리 예견하셨다는 것은 우리에게 약간의 위로가 된다. 나중에 다른 비유에서 우리는 그 말씀의 강력함을 보게 될 것이지만, 여기서는 예수님이 온유하면서도 현실적으로 우리에게 경고하신다.

진리는 사용되어야 한다 (4:21-25)

> ^{21}그러고 나서 예수께서 그들에게 말씀하셨다. "누가 등불을 방으로 가져가 들통 속에 두거나 침대 밑에 두겠느냐? 등불이 있어야 할 곳은 분명 등잔대 위다! ^{22}숨긴 것은 언젠가 분명히 드러나기 마련이고 비밀은 언젠가 누구나 아는 사실이 된다. ^{23}귀 있는 사람은 들으라!" ^{24}예수께서 그들에게 말씀하셨다. "귀 기울여 잘 들으라. 너희는 주는 만큼 받을 것이고 더 많이 받을 것이다. ^{25}가진 사람은 더 받을 것이기 때문이다. 아무것도 없는 사람은 '없는 것'마저 빼앗길 것이다."

등불이 빛을 내는 목적은 자신을 위한 것이 아니라 주변을 밝히는 것이다. 예수님은 여기서 제자들에게 주시는 빛이 그저 그들 사이에서만 간직되는 즐거운 비밀이 아니라, 다른 사람들의 삶을 밝히는 데 사용되어야 한다는 뜻을 분명히 암시하고 있다. 진리는 비밀이나 숨겨진 것을 '드러내기' 위한 것이지 숨기거나 신비화하려는 것이 아니다.

올바른 경청의 태도에 대한 말씀은 상당히 엄격하게 들리며 분명히 진지하게 받아들여져야 한다. 예수님은 제자들에게 부주의하게 듣는 것에 대해 경고하시며, 동시에 그분이 말씀하시는 것을 듣는 것에 집중하도록 격려하고 있다. 듣는 것을 소중히 여기는 것에 대한 보상은 더 많은 진리를 선물로 받는 것이다. 반면, 부주의하거나 건성으로 듣는 것에 대한 대가는 그것이 습관화되어 영적 진리를 이해하는 능력을 완전히 잃을 수 있다는 것이다.

예수께서 성장하는 하나님 나라를 묘사하시다 (4:26-34)

²⁶그런 다음 예수께서 말씀하셨다. "하나님 나라는 사람이 땅에 씨를 뿌리는 것과 같다. ²⁷그는 아무것도 의식하지 못한 채 밤이면 자고 아침이면 일어나지만 그동안 싹이 나고 자란다.

²⁸땅은 누구의 도움 없이도 소출을 낸다. 처음에는 잎이 나고, 그다음 이삭이 나오고, 그다음 다 자란 낟알이 열린다. ²⁹곡식이 익으면 그는 곧바로 추수꾼을 보낸다. 추수 때가 되었기 때문이다." ³⁰예수께서 이어서 말씀하셨다. "하나님 나라는 무엇과 같다고 말할 수 있을까? 어떤 비유로 말할까? ³¹하나님 나라는 아주 작은 겨자씨 낟알 같다. 그 씨는 뿌릴 때 어떤 씨보다도 작다. ³²그러나 땅에 심으면 다른 어떤 식물보다 더 크게 자란다. 커다란 가지를 뻗으면, 새들이 깃들어 둥지를 튼다." ³³예수께서, 그들이 이해할 수 있는 만큼, 이같이 많은 비유로 말씀을 가르치셨다. ³⁴비유를 사용하지 않고는 아무 말씀도 하지 않으셨다. 그러나 제자들과 계실 때 모든 것을 따로 설명해주셨다.

파종 단계에 있는 씨앗의 취약성과는 대조적으로, 예수님은 이제 농사에 대한 비유를 사용하여 같은 씨앗 안에 내재한 강한 생명력을 보여주신다. 농부는 파종을 위해 땅을 준비하는 일을 하지만, 땅은 농부가 책임지지도 않고 분명히 이해하지도 못하는 과정을 통해 씨앗으로부터 작물을 생산한다. 하나님의 말씀도 마찬가지다. 그 안에는 선을 위한 잠재력이 있으며, 그것은 스스로 자라나는 신비로운 과정을 통해 성장한다. 이제 예수님은 또 다른 친숙한 비유를 통해 말씀의 능력을 강조하신다. 겨자씨는 그 작은 크기로 잘 알려졌지만, 작은 나무나 혹은 큰 덤불로 자라날 수 있었다. 여기서 예수님은 제자들에게 하나님의 말씀을 처음 받아들일 때 그것이 무의미한 정도로 작아 보일지라도, 그 성장력은 엄청나게 크다는 것을 깨닫도록 격려하신다.

물론, 비유를 통해 가르치는 방법은 예수님만의 독창적인 방식은 아니었다. 진리를 그림이나 이야기 형태로 표현하는 것은 그 이전에도 여러 번 사용되었다. 다만 예수님이 왜 이 특정한 방법을 선택하여 가르치셨는지, 왜 나중에 모든 비유를 제자들에게 설명하셨는지 우리는 알 수 없다.

자연의 힘을 주관하는 예수 (4:35-41)

> ³⁵그날 저녁, 예수께서 제자들에게 말씀하셨다. "호수 저편으로 건너가자." ³⁶그래서 그들은 무리를 집으로 보내고, 예수께서 앉아 계시던 작은 배로 예수를 모시고 갔다. 다른 작은 배도 함께 갔다. ³⁷그때 사나운 돌풍이 불어 배 안으로 파도가 들이쳐 배가 거의 침몰할 지경이었다. ³⁸예수께서는 고물에서 베

> 개를 베고 주무시고 계셨다. 그들은 예수를 흔들어 깨웠다. "선생님, 물에 빠져 죽게 생겼는데 아무렇지도 않습니까?" ³⁹예수께서 잠에서 깨어 바람을 꾸짖으시고 파도를 향해 말씀하셨다. "조용히 해라! 잠잠해라!" 그러자 바람이 그치고 고요해졌다. ⁴⁰예수께서 그들을 질책하셨다. "왜 이렇게 무서워하느냐? 아직도 나에 대한 믿음이 없느냐?" ⁴¹그들은 극심한 두려움에 사로잡혀 서로 이렇게 말했다. "이분이 대체 누구지? 바람과 파도도 그가 시키는 대로 하다니!"

마가는 예수님이 같은 날에 호수를 건너갔다고 확신하고 있는데, 그가 틀렸다고 보아야 할 이유가 있을까? 아마도 예수님은 가르치고 설명하고 질문에 답하시느라 매우 피곤한 하루를 보내셨던 것 같다. 그는 배에서 땅에 내리지 않고 호수의 반대편으로 건너가서 필요한 쉼과 회복의 시간을 갖자고 제안하셨던 것 같다. '다른 작은 배'의 존재는 마가만이 언급하고 있고, 이는 베드로의 개인적인 회상에서 비롯된 것으로 보인다.

이런 격렬한 돌풍은 언덕들 사이에 깊게 둘러싸인 호수에서 갑자기 무섭고 격렬하게 일어날 수 있다. (필자 역시 스코틀랜드 스카이섬의 언덕들 가운데 위치한 호수 한가운데 작은 보트에서 이런 일을 경험했던 적이 있다.) 예수님은 너무 피곤하셔서 깊이 잠들었고 큰 풍랑이 발생해도 눈치채지 못했다. 여기서 '베개'는 항해사가 주로 앉는 가죽 의자이거나 그냥 베개였을 것이다.

제자들이 예수님을 깨우는 어조에는 비난 섞인 비아냥이 있었고, 이는 마가만이 특징적으로 언급하는 부분이다. 이는 아마도 베드로의 예리한 기억 때문일 것이다. 예수님은 마치 제어할 수 없는 거대한 짐승을 '꾸짖는' 것처럼 바람을 꾸짖으신다. 그는 마귀에게 명령할 때 사용하는 동일한 권위로 말씀하신다. 그의 명령으로 폭풍은 즉시 복종하고 이어 완전한 고요함이 찾아온다. 제자들에게 질문하시는 예수님의 책망은 우리에게는 다소 이상하게 들릴 수 있다. 정말로 배가 침몰 직전인데도 예수님이 깊이 잠들어 있는 상태에서 그분을 믿으라는 말씀이었을까? 그렇다. 그들은 분명히 그래야만 했다. 이제 침몰의 두려움이 바람과 파도를 다스리시는 예수님의 능력에 대한 순전한 경외심으로 바뀌었다.

이 유대인 제자들은 하나님이 "광풍을 고요하게 하사 물결로 잔잔하게 하시는도다"(시 107:29)는 시편의 말씀을 분명히 기억했을 것이고, "이분이 도대체 누구지?"라고 질문했을 것이다.

5장

예수께서 난폭한 정신이상자를 만나시다 (5:1-20)

¹그들이 호수 건너편 거라사 지방에 도착했다. ²⁻³예수께서 배에서 내리시자 귀신 들린 사람 하나가 예수를 만나기 위해 살고 있던 무덤 사이에서 뛰쳐나왔다. 아무도, 심지어 쇠사슬로도 그를 제지할 수 없었다. ⁴사실 여러 번 족쇄와 쇠사슬을 채웠지만 쇠사슬을 끊고 족쇄를 산산조각 냈다. 누구도 그를 어찌할 수 없었다. ⁵낮에는 물론 밤새도록 그는 무덤 사이나 언덕에서 소리를 지르며 돌로 자해했다. ⁶그가 멀리서 예수를 보자마자 달려와 무릎을 꿇고 ⁷목청껏 외쳤다. "지극히 높은 하나님의 아들 예수여, 나를 어떻게 하시려는 겁니까? 제발 나를 괴롭히지 마십시오!" ⁸예수께서 이미 "귀신아, 이 사람에게서 나와라!"라고 말씀하셨기 때문이다. ⁹예수께서 그에게 물으셨다. "네 이름이 무엇이냐?" 그가 대답했다. "군대입니다. 우

리는 수가 많기 때문입니다." ¹⁰그러고는 '자신들을' 그 지역에서 쫓아내지 말아달라고 예수께 청하며 빌었다. ¹¹마침 그 산에서 아주 많은 돼지들이 풀을 뜯어먹고 있었다. ¹²귀신들은 "우리를 돼지들에게로 보내주십시오. 그러면 그 속으로 들어가겠습니다!" 하고 간청했다. ¹³예수께서 허락하시자, 귀신들은 그 사람에게서 나와서 돼지들 속으로 들어갔다. 그러자 거의 2,000마리나 되는 돼지 떼가 절벽 아래로 내리달려 호수에 빠져 죽었다. ¹⁴돼지를 치던 사람들이 도망 나와 시내와 시골 전역에 그 이야기를 퍼뜨렸다. 그러자 사람들이 무슨 일이 있었는지 보러 왔다. ¹⁵예수께 나아온 그들은, 귀신 들렸던 사람, '군대' 귀신에 들렸던 바로 그 사람이 옷을 제대로 입고 멀쩡하게 앉아 있는 것을 보고 너무 두려웠다. ¹⁶그 사건을 목격한 이들이 귀신 들렸던 이에게 일어난 일과 돼지들에게 닥친 참사를 이야기해주었다. ¹⁷그러자 그들은 예수께 그 지역에서 떠나 달라고 간청하기 시작했다. ¹⁸예수께서 작은 배에 올라타시자 귀신 들렸던 사람이 함께 가게 해달라고 애원했다. ¹⁹그러나 예수께서 허락하지 않으셨다. 대신 그에게 이렇게 말씀하셨다. "가족에게 돌아가서, 주께서 그대에게 하신 일과, 그대를 얼마나 자비롭게 대하셨는지 전하게!" ²⁰그래서 그 사람은 예수께서 자기에게 하신 일을 '열 성읍' 전역에 퍼뜨리기 시작했다. 사람들은 그야말로 깜짝 놀랐다.

예수께서 호수의 반대편으로 건너가신 곳은 분명히 이방인 지역이었다. 거라사는 로마 통치하에 있었지만, 그리스의 도시 국가들처럼 조직된 데가볼리(Dekapolis), 즉 열 개 도시 연맹 중 하나였다. 예수님은 필요했을 쉼과 고요한 기도 처소에 이르기 전에 곧바로 사납고 무시무시한 광인을 직면했다. 그 '귀신들린' 사람은 초인적인 힘을 가지고 있었고, 그는 제압하기 불가능한 상황이었기에 아마도 도시에서 쫓겨나 묘지에서 살았을 것이다. 무덤들 사이에서 낮과 밤을 보내며 돌로 자신을 자해하는 모습은 그를 더욱 끔찍하고 위협적인 존재로 보이게 했다.

다시 한번 마귀들이 예수님을 즉시 알아보는 장면이 나온다. 그러나 이번에는 예수님을 히브리어 칭호가 아닌 '지극히 높은 하나님의 아들'이라는 헬라어 칭호로 부른다. 예수님은 이미 귀신에게 나가라고 명령하셨고, 귀신이 자비를 청할 때 비로소 그의 이름을 물으셨다. 그 대답은 놀라운 것이지만, 글자 그대로 받아들여서는 안 된다. 한 군대(legion)는 육천 명 이상의 병사로 구성되기 때문이다. 그러나 이 끔찍한 내적 전쟁의 피해자인 귀신들린 사람은 여러 개의 다른 인격들에 의해 지배당하고 있는 것으로 보인다. 우리는 이 불쌍한 사람이 왜 예수께 '자신들'을 그 지역 밖으로 쫓아내지 않도록 애원한 이유를 알지 못한다.

어쨌든 근처에는 돼지 무리가 풀을 뜯고 있었는데, 이것은 물론 유대인의 영토에서는 불가능한 일이며, 마귀들이 돼지들 속으로 보내 달라고 요청한다. 이것이 실제로 일어났는지, 아니면 고통받는 사람의 마지막 경련에서 나오는 광기 어린 울음소리가 돼지들을 겁에 질려 도망치게 만든 것인지 알 수는 없다. 다만 우리가 알 수 있는 것은 이천 마리의 돼지가 절벽에서 떨어져 호수로 뛰어들어 익사했다는 사실뿐이다.

이 사건에 대한 반응은 우리가 예상했던 것과는 다소 거리가 있다. 거라사 사람들은 돼지를 치던 사람의 이야기를 듣고 직접 확인하러 나왔다. 그들은 그 지역의 공포와 절망의 대상이었던 사람이 정말로 제대로 옷을 입고 정신이 맑아진 모습을 보았다. 이천 마리의 돼지들을 한 번에 잃은 것은 물론이고, 그처럼 사나운 귀신을 쫓아내는 엄청난 능력을 보는 것은 그들에게는 너무 큰 충격이었다. 그들은 정말로 두려워하면서 예수께 그 지역을 떠나 달라고 애원했다.

끔찍한 귀신에게 시달리다가 치유된 이 남자는 지극히 자연스럽게 예수님과 함께하고 싶다고 간청했다. 그러나 이것은 예수님의 계획과 달랐다. 예수님은 그에게 부드럽게, 그러나 의심의 여지 없이 단호하게, 그가 경험한 놀라운 치유의 이야기를 다른 사람들에게 가서 전하라고 말씀하셨다. 실제로 그는 그렇게 했고, 그 결과로 열 도시 전체가 경이로움으로 가득 찼다.

치유로 이어진 믿음 (5:21-43)

²¹예수께서 다시 배를 타고 호수 맞은편에 도착하시자, 예수께서 서 계신 호숫가로 큰 무리가 모여들었다. ²²그때 회당장 야이로라는 사람이 나타났다. 그는 예수를 보고 무릎을 꿇고 ²³아주 간절히 도움을 청했다. "제 어린 딸이 죽어가고 있습니다. 같이 가셔서 그 아이에게 손을 얹어주시겠습니까? 그러면 아이가 나아 살아날 것입니다." ²⁴예수께서 그와 함께 가시자, 큰 무리가 따라가면서 예수를 떠밀었다. ²⁵무리에는 12년 동안 혈루증을 앓는 여인이 있었다. ²⁶이 여인은 수많은 의사의 치료를 받으며, 가진 돈도 다 써버렸지만, 좋아지기는커녕 오히려 더 나빠지고 있었다. ²⁷이 여인이 예수에 대해 듣고 무리에 섞여 예수 뒤로 다가가서 그의 겉옷을 만졌다. ²⁸"그의 옷만 만져도 병이 나을 텐데." 여인은 말하고 또 말했다. ²⁹출혈은 즉시 멈추었고, 여인은 자기가 병이 나은 것을 알았다. ³⁰예수께서는 곧 자신에게서 능력이 나간 것을 직감하시고 무리

를 돌아보며 말씀하셨다. "누가 내 옷에 손을 댔지?" ³¹제자들이 대답했다. "보시다시피, 무리가 선생님을 떠밀고 있습니다. 어찌 '누가 내게 손을 댔지?'라고 물으십니까?" ³²그러나 예수께서 누가 옷을 만졌는지 보시려고 사람들의 얼굴을 둘러보셨다. ³³여인은 본인이 당사자였기에 두려워 온몸을 떨면서, 예수 앞으로 나아가 사건의 전말을 이야기했다. ³⁴그러자 예수께서 그 여인에게 말씀하셨다. "딸아, 그대의 믿음이 그대의 병을 고쳤네. 안심하고 돌아가서, 고통 없이 살게나." ³⁵예수께서 아직 말씀하고 계신데 회당장의 집에서 사환들이 도착하여 말했다. "따님이 죽었습니다. 더 이상 선생님을 귀찮게 할 필요가 없습니다." ³⁶그러나 예수께서 이 소식을 들으시고 회당장에게 말씀하셨다. "두려워 말고, 계속 믿으라!" ³⁷그리고 나서 예수께서 베드로와 야고보와 그의 형제 요한 외에는 아무도 따라오지 못하게 하셨다. ³⁸그들이 회당장의 집에 도착했을 때, 예수께서 왁자지껄한 소리와 울며 통곡하는 모습을 보시고, ³⁹안으로 들어가서 집 안에 있는 이들에게 말씀하셨다. "왜 이렇게 시끄럽게 울고 있느냐? 아이는 죽지 않았다. 깊이 잠들었을 뿐이다." ⁴⁰이 말을 들은 그들은 경멸하듯 비웃었다. 그러나 예수께서 그들을 다 내보내고 부모와 제자들만을 데리고 아이가 있는 방으로 들어가셨다. ⁴¹그러고는 어린 소녀의 손을 잡고 아람어로 말씀하셨다. "소녀야, 내가 너에게 말한

> 다. 일어나라!" ⁴²열두 살이었던 소녀는 즉시 벌떡 일어나 방 여기저기를 걸어 다녔다. 사람들은 기뻐서 어쩔 줄을 몰랐다. ⁴³그러나 예수께서는 이 일을 아무에게도 알리지 말라고 엄히 당부하시고, 소녀에게 음식을 주라고 말씀하셨다.

예수님이 호수 서편으로 돌아가시자 거대한 군중이 몰려들었다. 이 군중 가운데 회당장 야이로가 나온다. 그는 지역 회당의 질서와 예배, 그리고 유지 관리를 담당하는 사람이었다. 그는 이미 예수님이 치유할 수 있다는 것을 굳게 확신하고 도움을 간청한다. 누가복음에서는 야이로의 딸이 그의 외동딸이라고 전하지만, 마가복음에는 그렇게 나와 있지 않다. 그러나 '제 어린 딸'이라고 번역한 이 단어는 마가복음에서만 발견되는 애정의 표현이며, 이것은 아버지가 외동딸에 대해 갖는 각별한 사랑을 의미할 수 있다.

야이로의 절박한 호소 이후 예수님이 그의 집에 도착하기 전에, 혈루증으로 고통받던 한 여인에 관한 놀랍고 감동적인 사건이 일어난다. 그녀는 연약하고 절망적이었지만 어떤 식으로든 예수님의 옷을 만지려는 의지는 확고했다. 붐비는 군중에도 불구하고 그녀는 믿음으로 손을 뻗었고, 결국 예수님의 옷자락을 만지게 된다. 예수님은 이를 감지하시고, 제자들에게는 말도 안 되는 질문처럼 보이 겠지만 누가 그의 옷을 만졌는지 물으신다. 사람들의 시선에 겁을 먹고 자신의 대담함에 겁을 먹은 이 여인이 두려움에 떨며 앞으로 나온다. 그녀는 모두가 들을 수 있도록 그녀의 딱한 사연을 털어놓았다. 예수님은 그녀에게 깊은 연민과 사랑으로 말씀하신다. 다른 누구도 '딸아'라고 부르지 않으셨던 예수님이 그녀의 믿음이 그녀를 구원했다고 확신시켜 주신다. 마가복음에 기록된 치유의 기적들이 모두 믿음과 관련이 있다는 것은 주목할만한 가치가 있다. 이것들은 단지 우연히 일어난 능력의 사례들이 아니다.

이제 더 극적인 사건이 일어난다. 야이로의 집에서 사람들이 도착해 그의 딸이 죽었으니 더는 선생님을 귀찮게 할 필요가 없다고 말한다. 그러나 예수님은 이에 전혀 동요하지 않고, 야이로를 향하여 두려워하지 말고 계속 믿으라고 말씀하신다. 회당장의 집에 다다랐을 때, 예수님은 다수의 군중 가운데서 몇몇 제자만을 선택하는데, 여기에는 권위와 함께 강인한 결단이 필요했을 것이다. 당시 누군가가 죽으면 집안의 여인들은 소리를 내어 슬픔을 표현했는데 이것은 의무로 여겨졌다. 이는 종종 슬픈 음악을 연주하는 전문 애도인들의 도움을 받아 이루어지곤 했는데, 이들은 근처에서 대기하고 있었을 것이다.

우리는 다시 한번 예수님의 권위에 주목하게 된다. 예수께서는 아이가 죽지 않았고 깊이 잠들어 있다고 확언한다. 그러나 이것은 예수님이 그녀가 어떤 혼수상태에 있다고 생각하셨음을 의미하지 않는다. '잠들다'라는 말은 일반적으로 죽음에 대한 완곡한 표현이며 신약성경에서 여러 번 사용된다(예. 요 11:11, 고전 15:51). 애도하는 무리는 예수님의 말을 조롱한다. 이때 예수님은 그들을 내보내고 아이의 부모와 세 명의 선택된 제자들만 남겨둔다. 그런 다음 어린아이의 손을 잡고 모국어인 아람어로 일어나라고 말씀하신다. 기적은 곧바로 일어났고 어린아이는 돌아다니기 시작한다. 그녀는 유아가 아니라 열두 살이다. 예수님은 소녀를 혼수상태에서 깨우신 것이 아니라 죽음에서 다시 살린 것이지만, 아직 이 능력이 알려지길 원치 않으셨다. 그래서 이 사건을 비밀로 하라고 엄격하게 당부하셨고, 동시에 그 아이에게 먹을 것을 주라는 실질적이고 상식적인 명령을 내리셨다!

6장

존경받지 못하는 예언자 (6:1-6)

¹예수께서 그 지역을 떠나 고향으로 가시자, 제자들도 따라갔다. ²안식일에 예수께서 회당에서 가르치셨다. 회중은 가르침을 듣고 깜짝 놀라며 말했다. "이 사람이 어디서 이런 것들을 다 얻었을까? 이 지혜들은 무엇이고, 그가 보여준 놀라운 일들은 또 무엇인가? ³그는 고작 목수요, 마리아의 아들, 야고보와 요셉과 유다와 시몬의 형제다. 심지어 그의 여동생들은 여기 우리 마을에 살고 있다!" 그리고 그들은 심히 불쾌해했다. ⁴그러자 예수께서 그들에게 말씀하셨다. "예언자가 대접받지 못하는 곳은 자기 고향이나 친족이나 자기 집뿐이다!" ⁵예수께서 병자 몇 명에게 손을 얹어 고쳐주신 것 외에는 아무런 기적도 행하실 수 없었다. ⁶예수께서는 그들의 믿음 없음에 당혹하셨다.

예수님은 이제 야이로의 집을 떠나 자신이 자랐고 목수로 일했었던 고향 나사렛으로 향하신다. 마태복음과 누가복음에도 이 방문에 대한 기록이 있으며, 이 세 복음서의 내용을 조화시키려는 시도가 많이 있었지만, 예수님이 고향을 단 한 번만 방문했다고 가정할 이유는 없다. 누가복음 4장에 기록된, 예수님의 생명을 위협한 살인적인 시도로 끝난 것이 마지막 방문이었을 가능성이 크다.

다시 한번 예수님은 안식일에 회당에서 말씀하시며, 이번에는 그의 일생을 알고 있던 사람들로 구성된 회중을 향해 말씀하신다. 그들은 예수님이 자라는 것을 보았고, 목수로 일하는 것도 보았으며, 그의 형제들과 자매들은 아직도 그 마을에서 그들 중에 살고 있었다. 우리는 그들이 예수님의 말씀의 권위와 능력에 대해 놀라는 것을 어렵지 않게 상상할 수 있다. 그들은 이미 예수님이 병자들을 치유하는 자로서 명성이 자자하다는 것을 잘 알고 있었다.

'그들은 심히 불쾌해했다'로 번역한 헬라어 단어 '에스칸달리존토'(*eskandalizonto*)는 번역하는 것 자체가 거의 불가능한 단어이다. 이를 영어로 'scandalized'라고 번역하면 오늘날 영어 감각으로는 적절한 의미를 전달하지 못한다. 이 동사의 어근인 명사 '스칸달론'(*skandalon*)은 사람을 넘어뜨리거나 함정에 빠뜨리는 무언가를 의미한다. 따라서 그것은 사람을 실족하게 하거나 잘못된 사고방식으로 미혹하는 것을 의미한다. 이것은 구약성경의 헬라어 번역에서 사용되었다. 아마도 그 당시 상황을 상상한다면 그 의미에 상당히 근접할 수 있을 것이다. 예수님의 오랜 친구들은 "저 친구가 과연 자신을 누구라고 하는가?"라고 질문하며 거만함에 분노하였을 것이다. 그들은 그가 특별한 수업이나 교육을 받지 않았음을 잘 알고 있었다. 그러나 동시에 그들은 그가 가르치는 것의 권위와 진실성을 부정할 수 없었기 때문에 더욱 혼란스러웠을 것이다. 아마도 영어에는 이 뜻을 한 단어로 완벽히 옮길 표현이 없을 것이다. 하지만 목수였던 예수님의 권세있고 지혜로운 말씀을 갑작스럽게 직접 들었던 이 평범하고도 유대 전통에 신실한 사람들을 향하여, 우리는 약간의 상상력을 발휘하여 그들을 이해할 수 있지 않을까 생각해 본다. '선지자가 존경을 받지 못한다'는 속담은 고대 사회에서 흔했고, 예수님은 그것을 자신이 처한 상황에 적용하기 위해 약간 비틀어 말씀하신다.

앞서 언급했듯이, 마가복음에서 치유는 믿음에 대한 반응으로 나타난다. 믿음이 거의 없는 여기서는 치유도 거의 나타나지 않았다. 예수님의 진정한 인성은 특정한 일들이 그를 '당혹하게' 할 수 있다는 사실을 보면 알 수 있다. 만약 그분이 단지 인간인 척하는 하나님이었다면 '당혹'이라는 인간의 감정은 있을 수 없었을 것이다.

기쁜 소식을 전하기 위해 파송된 열두 제자 (6:7-13)

> 그 후 예수께서 여러 마을을 두루 다니며 계속 가르치셨다. ⁷예수께서 열두 제자를 부르셔서 그들에게 귀신을 쫓아내는 능력을 주시고 둘씩 보내셨다. ⁸그리고 길을 다닐 때 지팡이 외에는 아무것도 지니지 말라고 지시하셨다. 빵도, 가방도, 주머니의 돈도 금하셨다. ⁹샌들은 신되, 여벌 옷은 가져갈 수 없었다. ¹⁰예수께서 그들에게 말씀하셨다. "어디로 가든, 어떤 집에 들어가면 그곳을 떠날 때까지 거기서 묵어라. ¹¹사람들이 너희를 환영하지 않거나 너희가 하는 말을 듣지 않으면, 그들에게서 떠나며 항의 표시로 발의 먼지를 떨어버려라!" ¹²그래서 그들은 나가서, 사람들에게 시각을 완전히 바꾸어야 한다고 공공연하게 전파했다. ¹³또한 수많은 귀신을 쫓아내고 수많은 병자에게 기름을 발라 병을 고쳐주었다.

이제 예수님은 주변 마을들을 방문하며 가르치신다. 예수님은 그의 사역을 돕기 위해 물리적으로는 지극히 단순한 장비를 갖추었지만, 영적으로는 귀신들을 쫓아내는 능력을 위임받은 열두 사도를 보내신다. 이것은 공격적 '특공대'의 성격을 띠고 있었는데, 꺼리는 사람들을 설득하거나 적대적인 사람들을 달래는 데 시간을 낭비할 여유가 없었기 때문이다. 예수님의 계획은 이 시점에서 하나님의 나라의 기본적인 메시지를 가능한 한 널리 전파하는 것으로 보인다. 그러나 이 사명이 완전한 성공으로 끝난 것은 아니었다.

헤롯의 죄책감 (6:14-29)

> ¹⁴예수의 명성이 널리 퍼지자 세례자 요한이 다시 살아나 초자연적인 능력을 보인다는 세간의 말이 헤롯의 귀에 들어갔다. ¹⁵예수가 엘리야라고 주장하는 이들도 있었고, 옛 예언자 하나가 다시 돌아왔다고 주장하는 이들도 있었다. ¹⁶그러나 헤롯은 이 모든 말을 듣고 말했다. "내가 목을 벤 요한이 다시 살아난 것이 틀림없다!" ¹⁷헤롯이 동생 빌립의 아내 헤로디아의 일로 요한을 체포하여 옥에 가두었기 때문이다. 헤롯은 결국 헤로디아와 결혼했고, ¹⁸요한은 헤롯에게 "동생의 아내를 취하는 것은 옳지 않습니다"라고 계속 말했다. ¹⁹헤로디아도 이 때

문에 요한에게 원한을 품고 그를 처형하고 싶었지만, 그렇게 할 수 없었다. [20]요한이 정의롭고 거룩하다는 것을 아는 헤롯이 그를 깊이 존경하며 보호했기 때문이다. 또한 헤롯은 요한의 말을 듣고 매우 심란했지만, 그의 말을 즐겨 들었다. [21]그러던 어느 날 헤로디아에게 좋은 기회가 왔다. 헤롯이 대신들과 군대 장관들, 갈릴리의 주요 인사들을 초대해 생일잔치를 열었다. [22]헤로디아의 딸이 들어가 춤을 추자, 헤롯과 손님들은 아주 기뻐했다. 왕은 소녀에게 말했다. "원하는 것은 뭐든 말해봐라. 너에게 주겠다!" [23]그리고 맹세도 했다. "나라 절반이라도 주겠다!" [24]그러자 소녀는 어머니에게 가서 말했다. "무엇을 달라고 할까요?" 어머니가 말했다. "세례자 요한의 머리를 달라고 해라!" [25]소녀는 급히 왕에게 돌아가서 청했다. "지금 당장 세례자 요한의 머리를 접시에 담아주세요!" [26]헤롯은 깜짝 놀랐지만, 손님들 앞에서 한 자신의 맹세 때문에 소녀의 요청을 거절하고 싶지 않았다. [27]그래서 곧바로 사형 집행인을 보내어 요한의 머리를 가져오게 했다. 집행인은 감옥으로 가 요한의 목을 베어서 [28]그 머리를 접시에 담아와서 소녀에게 주었고, 소녀는 그 머리를 어머니에게 건넸다. [29]요한의 제자들이 참수 소식을 듣고, 요한의 시신을 가져다가 무덤에 안장했다.

이 헤롯은 실제로 대왕이 아니라 분봉왕이었다. 즉, 일정한 영토의 4분의 1을 다스리는 통치자였다. 그러나 그의 허영심을 고양하기 위해 그를 '왕'이라고 부르는 것이 편리했을 것이다. 그는 망상적인 질투심 때문에 '어린아이들을 학살'하도록 명령했던(마 2:16 참조, 역자주) 헤롯 대왕의 아들 중 한 명인 헤롯 안티파스였다. 마가는 헤롯이 예수님과 그의 제자들의 초자연적인 행적을 들었다는 사실을 사용해 세례 요한의 죽음 이야기를 삽입한다. 헤롯은 고대의 많은 폭군들처럼 극도로 미신에 빠져 있었다. 양심이 불편했던 그는 예수님의 '위대한 행적'을 듣자마자, 자신이 참수한 요한이 다시 살아난 것이라는 결론을 내린다. 생전에 자신이 존경하던 인물 요한이 죽음에서 다시 살아나 돌아왔다는 생각에 헤롯은 두려움을 느낀다. 마가는 이 불쾌한 사건의 배경을 간략하게 회고한다. 헤롯은 첫 번째 아내와 이혼했고 그녀는 아라비아 페트레아의 왕인 아버지 아레타스에게 돌아갔다. 요한은 이 이혼과 헤롯이 동생 빌립의 아내와 간음한 결혼의 악을 규탄했다. 그 결과 요한은, 과거에도 그리고 지금까지도 많은 이들이 그렇듯, 대담하게 진실을 말함으로써 고난을 겪었다.

돌아온 사도들이 엄청난 무리 때문에 쉬지 못하다 (6:30-38)

30사도들이 예수께 돌아와 무슨 일을 하고 무엇을 가르쳤는지 자세하게 보고했다. 31사람들이 쉴 새 없이 오가는 바람에 식사할 겨를조차 없었으므로, 예수께서 "이제 따로 조용한 곳으로 가서 잠시 쉬자"하고 말씀하셨다. 32그들은 배를 타고 조용한 곳으로 갔다. 33그러나 수많은 사람이 그들이 떠나는 것을 보았고, 각 마을에서 온 사람들이 먼저 그곳에 가려고 서둘러 걸어갔다. 34배에서 내린 예수께서 큰 무리를 보시고 불쌍한 마음이 드셨다. 그들이 목자 없는 양처럼 보였기 때문이다. 그래서 자리를 잡고 그들에게 많은 것을 가르치셨다. 35날이 저물자 제자들이 예수께 가서 말했다. "우리가 있는 이곳은 벌판이고, 시간도 늦었습니다. 36이제 그들을 보내시지요. 그래야 근처에 있는 농가나 마을에서 직접 먹을 것을 사 먹을 수 있습니다." 37그러나 예수께서 이렇게 대답하셨다. "너희가 먹을 것을 줘라!" "가서 일곱 달 치 품삯만큼이나 빵을 사 오라는 뜻이세요? 어떻게 이들을 다 먹이라는 말씀이십니까?" 38예수께서 물으셨다. "빵이 얼마나 있지? 가서 살펴봐라." 그래서 그들은 알아보고 예수께 말했다. "빵 다섯 개와 생선 두 마리가 있습니다."

이 장면에서 마가는 '사도'(즉, '보냄을 받은 이들'이라는 의미)라는 칭호를 열두 제자에게 처음으로 사용한다. 앞서 예를 든 가을에 있었던 이삭을 문지르는 사건과 지금의 사건 사이에는 분명히 어느 정도의 시간이 흘렀을 것이다. 이 사건은 봄에 발생한 것으로 보인다. 예수님은 비록 가장 큰 헌신을 요구하시지만, 강제로 일하게 하지는 않는다. 그는 제자들에게 쉼이 필요하다는 것을 즉각 인식했고, 작은 배를 타고 떠나는 것이 끊임없이 달려드는 무리에게서 벗어나는 유일한 방법임을 알았다. 그러나 실제로 그들은 휴식을 취할 시간이 많지 않았다. 무리가 그들이 어떤 방향으로 가고 있는지를 보고, 그들을 앞질러 서둘러 걸어갔기 때문이다. 이것은 어렵지 않았을 것이다. 왜냐하면, 작은 배에 풍랑이나 기후가 아주 유리한 조건이 아니라면, 더 먼 거리였을지라도 사람이 걸어서 가는 것이 더 빠를 수 있었기 때문이다. 아마도 예수님은 벳새다 근처 호숫가의 조용한 장소로 가려 하셨을 것이고, 이것은 물길로는 대략 4마일이고, 육로로는 훨씬 더 먼 거리였다.

　대다수의 제자에게 있어서, 그들의 상륙을 기다리는 무리를 보며 느낄 수 있는 주요한 감정은 아마도 짜증 섞인 분노였을 것이다. '왜 저들은 우리가 쉬고 제대로 된 식사를 할 수 있도록 잠시라도 우리를 내버려두지 않는 걸까?'

당시 상황을 고려해보면 당연한 생각일 수 있다. 그러나 예수님의 크신 긍휼은 피로감보다 강했다. 예수님은 사람들이 '목자 없는 양'처럼 유리하며 혼란스러워하는 모습을 보셨다. 구약성경에서 인간의 영혼을 인도하시는 목자로서의 하나님 이야기가 나오지만, 예수님은 사람들이 애처롭게도 목자 잃은 상태임을 이 순간에 명확하게 보고 계신다. 제사장 계급은 그들에게 어떠한 영적인 지도력을 행사하지도 못하고 있었고, 율법 전문가인 율법학자들은 이미 과중한 부담을 진 사람들에게 더 많은 규정을 부과하고 있었다. 그래서 예수님은 그들에게 많은 것에 대해 가르치기 시작하셨다. 우리는 이 '많은 것'에 대해 더 많이 알고 싶기도 하다. 하지만 고대의 그 시대 문서에서 새로운 발견이 이루어지지 않는 한, 우리는 마태, 마가, 누가, 요한의 기록에서 배울 수 있는 것으로 만족해야 할 것이다.

이미 하루가 저물어 가고 있었고, 기적적인 음식 공급은 일몰 전에 이루어졌을 것이다. 예수님의 말씀을 듣기 위해 어떠한 먹을 것도 없이 무작정 달려온 사람들에 대해 제자들도 걱정이 태산이었다. 그들에게 가장 합리적인 결론은 그 무리를 돌려보내어 그다지 멀지 않은 마을로 가서 음식을 사게 하는 것이었다. 그러나 예수님은 제자들에게 직접 사람들에게 먹을 것을 제공하라고 지시하신다. 이것은 그들과 우리 모두를 놀라게 한다! 제자들은 급하게 계산기를 돌렸고, 그들이 지불해야 할 비용이 대략 이십 파운드(한 사람의 일곱 달치 품삯 정도)라고 생각했다(이것은 그 당시의 가치를 대략 추정한 것이며, 은 이백 데나리온은 오늘날에는 훨씬 더 값어치가 있을 수 있다). 하지만 예수님은 그들이 이십 파운드를 가지고 있다 하더라도 그 돈을 쓰라는 뜻이 아니었다. 그분은 제자들에게 사용할 수 있는 모든 음식 자원이 얼마나 되는지 알아보라고 하시고, 그들에게 빵 다섯 개와 물고기 두 마리가 있다는 대답을 들었다.

예수께서 기적을 베풀어 오천 명을 먹이시다 (6:39-44)

> ³⁹예수께서 사람들을 일정하게 나누어 풀밭에 앉히라고 말씀하셨다. ⁴⁰무리는 50명, 100명씩 편하게 앉았는데, 마치 그 모습이 꽃밭처럼 보였다. ⁴¹예수께서 빵 다섯 개와 생선 두 마리를 들고 하늘을 보며 하나님께 감사 기도를 드리시고, 빵을 떼어 제자들을 통해 사람들에게 나누어주셨다. 생선 두 마리도 그들 모두에게 나누어주셨다. ⁴²모두 배불리 먹었다. ⁴³그리고 나중에 남은 빵과 생선을 열두 바구니 가득 차게 모았다. ⁴⁴빵을 먹은 이들은 남자가 5,000명이었다.

믿기 어려운 일이지만, 이 기적은 그리스도인이라면 모두 받아들여야 한다. 여기서 중요한 것은, 전능하신 하나님에게 '이것이 가능한가?'라는 질문이 아니라, '하나님이 이런 상황에서 실제로 이렇게 행하셨을까?'라는 질문이다. 나는 조그마한 소풍용 도시락이 나오자 이것이 다른 무리의 양심을 찔러 그들이 이미 숨겨둔 음식을 꺼낸다는 식의 '설명'으로 간주할 수는 없다고 생각한다. 심지어 그런 상황이었다고 할지라도, 이것이 후에 과장된 이야기가 되어 기적으로 간주하게 만들지도 못했을 것이다. 나는 마가가 베드로의 기억에 의존하여 기록한 것을 그대로 받아들여야만 한다고 믿는다.

복음서 이야기에서 색채는 그리 자주 언급되지 않지만, 여기서 사람들이 초록색 풀밭에 앉았다는 점은 주목할 만하다. 또한 예수님의 명령에 따라 50명, 100명씩 정돈되어 앉게 된 이들은 다양한 색의 꽃밭처럼 보였을지도 모른다. 헬라어 단어인 '프라시아이'(*prasiai*)의 기본 의미는 '꽃밭'이다. 이것은 기적적으로 늘어난 음식의 정돈된 배급을 돕는 중에 베드로의 관찰력 있는 눈에 쉽게 띄었을 수 있다. '프라시아이'를 '허브 정원'이라는 의미로도 해석하려는 사람들이 있지만, 이는 분명히 이 사건의 생생한 목격자적 생동감을 빼앗아간다. 허브 정원은 초록색이며, 초록색 배경 위에 초록색 사각형은 눈길을 끌 만한 경치는 아니다. 하지만 사람들의 다양한 색상의 망토와 머리 장식은 쉽게 '꽃밭'의 문자 그대로의 의미를 떠올릴 수 있었을 것이다. 또한, 예수님이 다섯 개의 빵과 두 마리의 물고기를 극미량으로 나누어 각 사람에게 '상징적인' 식사를 제공하셨고, 이는 몇 년 후 교회의 성찬식을 예고하는 것이라는 주장이 한때 제기된 바가 있다. 나는 이러한 이론을 일축할 수 있다고 생각한다. 이것은 실제로 매우 불가능해 보이는데, 그 이유는 많은 사람에게 극미량의 조각들이 불가능할 뿐만 아니라, 복음서에서는 사람들의 배고픔이 완전히 충족되었다는 것을 강조하고 있으며, 심지어는 남은 조각들이 바구니에 가득했다는 것을 명확하게 밝히기 때문이다.

　오래된 사건이지만 그 교훈은 여전히 유효하다. 우리가 가진 작은 것을 주님께 기꺼이 드린다면, 주님은 그것을 수천 명에게라도 유용할 수 있도록 배가시키는 능력이 있다는 것이다. 작가, 방송인 혹은 설교자라면 이 사실을 잘 알고 있을 것이다.

자연을 다스리시는 예수 (6:45-56)

⁴⁵이 일 직후에 예수께서 제자들을 배에 태워 호수 건너편 벳새다로 보내시고, 그동안 무리를 집으로 보내셨다. ⁴⁶사람들이 모두 떠나자 예수께서는 기도하러 산으로 가셨다. ⁴⁷깊은 밤, 제자들의 배는 호수에 있고 예수께서는 혼자 뭍에 계셨다. ⁴⁸예수께서, 그들이 역풍을 만나 안간힘을 써서 노를 젓는 모습을 보시고, 짧은 시간에 호수 위를 걸어서 그들에게 가려고 하셨다. ⁴⁹그러나 그들은 물 위로 걸어오시는 예수를 보고 유령인 줄 알고 비명을 질렀다. ⁵⁰그들 모두 그를 보고 극도로 겁을 먹었다. 그러나 예수께서 즉시 그들에게 조용히 말씀하셨다. "괜찮다, 나다, 겁내지 말아라!" ⁵¹예수께서 배에 오르시자 바람이 잦아들었다. 그러나 그들은 무서워 제정신이 아니었다. ⁵²그들은 빵의 기적에서 교훈을 얻지 못했다. 그들의 머릿속은 여전히 깜깜했다. ⁵³그들은 호수 맞은편 게네사렛에 도착해 배를 묶었다. ⁵⁴그들이 뭍에 오르자마자 사람들이 예수를 알아보고 ⁵⁵마을 곳곳으로 급히 달려가서 예수께서 계시는 곳 어디든지, 병자들을 침상에 눕힌 채로 데려왔다. ⁵⁶마을이든 도시든 아주 작은 촌이든, 예수께서 가시는 곳마다, 그들은 장터에 병자들을 데려다놓고 '옷자락이라도 만지게' 해달라고 간청했다. 그를 만진 이들은 모두 나았다.

예수님을 만나기 위해 몰려온 이 무리는 그분 안에서 타고난 지도자 모습을 보고 왕으로 삼고자 했던 요한복음에 언급된 무리와 동일했을 수도 있다. 만약 이것이 사실이라면, 예수님은 이 상황에서 멀어지기 위하여 단호함이 필요했을 것이다. 그분은 제자들을 작은 배로 안전하게 보내면서 자신은 기도하러 산으로 올라가셨다.

이제 한밤중이다. 예수님은 매우 자연스럽게 호수 위를 걸어 제자들 쪽으로 오셨다. 나는 그분이 제자들을 '지나치려 하셨다'고 생각하지 않는다. 헬라어 단어 '파레르코마이'(*parerchomai*)의 자연스러운 의미는 물론 '지나치다'라는 뜻도 있지만, 이 경우에는 '옆으로 지나가는 것'이며, 이것은 의심할 바 없이, 바람에 맞서 힘겹게 노를 젓는 제자들을 돕고 격려하기 위해서였을 것이다. 이 이야기가 실제로 일어나지 않았다면 어떻게 이런 전승이 생겨났는지 이해하는 것은 어렵다. 우리는 적어도 경험이 많은 어부들을 다루고 있는데, 분명히 그들은 얕은 물에서 물장구치는 모습을 보고 물 위를 걷는 사람으로 착각하지는 않았을 것이다.

물론, 그들의 생각 속에는 단단한 모든 물체는 물에 가라앉는 것이기에, 예수님을 보고 어떤 유령이나 환영이라고 여겼을 것이다. 예수님이 제자들을 안심시키고는 있지만,

마가는 수많은 무리에게 음식을 제공하는 기적을 목격했음에도 불구하고, 여전히 제자들은 예수님이 누구이며 그의 능력이 어떠한지를 제대로 이해하지 못했다고 전한다.

그러나 두려움에도 불구하고 그들은 예수님을 배로 올라오시도록 하였고, 그들은 게네사렛에 상륙하자마자 도움이 절실한 무리에 둘러싸이게 된다. 예수님의 치유하시는 능력에 대한 요구는 게네사렛 지역에서 더욱 두드러졌다.

7장

예수께서 인간이 만든 전통의 위험을 폭로하시다 (7:1-23)

¹바리새인들과 예루살렘에서 온 율법학자들이 예수께 다가왔다. ²예수의 제자들이 '불결한' 손으로 식사하는 것을 보았기 때문이다. 제자들은 손을 씻는 정결 예식을 행하지 않았다. ³[사실 바리새인뿐 아니라, 유대인 모두 전통 규례에 따라 특정 방식으로 손을 씻지 않고는 절대 음식을 먹지 않는다. ⁴시장에서 사온 것도, 먼저 '물 뿌림'을 하지 않으면 먹으려 하지 않는다. 이외에도 컵과 주전자와 그릇 등의 세척과 관련해 그들이 중요하게 여기는 것들이 많다.] ⁵그래서 바리새인들과 율법학자들은 예수께 질문을 던졌다. "어째서 당신 제자들은 오래된 전통을 따르려 하지 않고 '불결한' 손으로 빵을 먹나요?" ⁶예수께서 대답하셨다. "위선자들아. 이사야가 너희를 아주 잘 묘사한 글이 있다. '이 백성이 말로는 나를 공경한다고 하지만,

마음은 멀리 있다. [7]인간의 가르침을 교리라고 가르치는 그들의 예배는 헛짓이다.' [8]너희는 인간의 전통을 지키느라 바빠 하나님의 계명을 내버린다!" [9]예수께서 계속해서 말씀하셨다. "너희가 전통을 지키려고 하나님의 계명을 제쳐두는 모습을 보면 참으로 충격이다! [10]모세는 '네 부모를 공경해라', '아버지나 어머니를 욕하는 사람은 사형에 처해라'라고 했다. [11]그러나 너희는, 아버지나 어머니에게 ['내가 부모에게 드려야 할 것을 하나님께 드립니다'라는 의미로] '고르반'이라고 말하면, [12]아버지나 어머니를 위해 손가락 하나 까딱하지 않아도 된다고 한다. [13]이렇게 전통을 지키려고 하나님의 말씀을 무력하게 만든다. 이것이 너희의 전형적인 행동이다." [14]그리고 나서 무리를 다시 가까이 불러 말씀하셨다. "이제 너희는 모두 내 말을 잘 듣고 이해하라. [15]밖에 있는 것이 안으로 들어가 사람을 '불결하게' 할 수는 없다. [16]안에서 나오는 것이 사람을 '불결하게' 하는 것이다!" [17]그 후 예수께서 무리를 떠나 집 안으로 들어가셨을 때 제자들이 그 비유에 관해 물었다. [18]예수께서 이렇게 말씀하셨다. "아, 너희도 저들처럼 우둔한 것이냐? 밖에서 사람 속으로 들어가는 어떤 것도 사람을 '속되게' 하거나 부정하게 할 수 없다는 것을 모르느냐? [19]모든 음식은 마음이 아니라 배로 들어가서 모두 배설되기 때문에 아주 깨끗하다. [20]그러나 사람에게서 나오는 것이야말로 사람을 '속되

> 게' 하거나 부정하게 한다. ²¹악한 생각들은 사람 마음과 머리에서 나온다. 곧 욕정, 도둑질, 살인, ²²간음, 탐욕, 악함, 속임수, 음탕함, 질투, 비방, 교만, 어리석음이다! ²³이 모든 악한 것이 사람 속에서 나와 사람을 더럽힌다!"

점점 더 분명해지고 있는 것은 예수님의 치유와 가르침이 당시의 '권위자들' 사이에서 상당한 적대감을 불러일으키고 있다는 것이다. 바리새인과 율법학자들은 예수님의 결점을 찾아내기 위해 예루살렘에서 내려온 것이 분명하다. 이번에는 당시에 상당히 복잡한 의식이었던 '정결법'의 의식을 문제 삼았다. 이것은 위생 개념과 무관한 것이었다. 시장이나 어느 곳에서 무언가 또는 누군가로 인해 그들의 손이 더러워질 수 있다는 이유로, 이 행위는 '장로들의 전통'이라는 이름 아래 바리새인들과 그들의 동조자들 사이에서 강력한 전통으로 발전해 왔다.

늘 그렇듯이 예수님은 문제의 핵심을 찌르신다. 그들의 전통은 입으로만 하는 복잡한 예배를 만들어냈지만 그들의 마음은 하나님으로부터 멀어져 있었다. 실제로 '인간의 전통'이 '하나님의 계명'보다 더 중요한 상태에 이르는 어처구니없는 상황에 이르렀다. 예수님은 당시에 일반적으로 통용되었을 것으로 생각되는 적절한 예를 들어 설명하셨다. '고르반'은 하나님께 바쳐졌다는 뜻으로, 어떤 사람이 자신의 모든 재산을 하나님께 드리겠다고 서원함으로써, 부모를 공경하라는 하나님의 계명을 지킬 필요가 없다고 여길 수 있었다. 그러한 서약은 어떤 의도와 목적으로든 취소하거나 무효화 할 수 없는 것이었다. 이것이 예수님이 분명히 밝히는 전통의 어두운 면이다.

예수님은 이제 중요한 원칙을 밝힌다(15절). 우리는 그분이 일반적인 손 씻기에 반대한 것은 아니라고 분명히 확신할 수 있다(눅 7:36-50절을 참고하라). 하지만 예수님은 사람들을 정말로 더럽히는 것은 입으로 들어가는 음식이 아니라 그들의 마음에서 나오는 악한 생각들이라고 분명히 강조하신다. 이 말씀의 완벽한 예가 바로 그 자리 앞에 있었다. 바리새인들과 율법학자들은 의식적으로는 흠잡을 데 없이 완전했을지 모르지만, 예수님은 그들의 마음속에 악의, 시기, 원한, 심지어는 살인 욕망과 같은 것들이 이미 존재한다는 사실을 알고 계셨다.

한 이방인의 믿음이 보상을 받다 (7:24-30)

²⁴예수께서 일어나 그곳을 떠나 두로 근처로 가셨다. 그는 한

집에 들어가 아무도 모르게 머물고 싶으셨다. 그러나 그렇게 계시는 것은 불가능했다. ²⁵예수께서 그곳에 도착하시자마자, 그의 소문을 들은 여인이 찾아와서 엎드렸기 때문이다. 그 여인의 딸은 귀신 들려 있었다. ²⁶그 여인은 수로보니게 출신의 그리스인으로, 딸에게서 귀신을 쫓아내 달라고 예수께 간구했다. ²⁷예수께서 여인에게 말씀하셨다. "자녀들부터 먼저 배불리 먹어야 한다. 알다시피 자녀들이 먹을 음식을 개들에게 던져주는 법은 없다." ²⁸그러나 여인은 대답했다. "그렇습니다, 주님. 저도 압니다. 하지만 개들도 식탁 아래서 자녀들이 흘린 부스러기들을 먹습니다." ²⁹그러자 예수께서 그 여인에게 말씀하셨다. "그렇게 대답할 수 있다니, 집에 가도 좋다! 귀신이 그대의 딸에게서 떠나갔다." ³⁰여인이 집에 돌아와보니, 아이는 조용히 침대에 누워 있고 귀신은 떠나고 없었다.

예수님은 이제 북쪽으로 이동하여 평화롭고 조용한 시간을 갖기 위해 이방인 지역으로 들어간다. 하지만 그의 명성이 그보다 앞서 퍼져 있었고, 그토록 바라셨던 조용한 시간은 수로보니게 여인에 의해 곧바로 깨지고 말았다. 마태복음에 따르면 그녀는 '가나안 여자'로 불리는데, 이는 정통 유대인들이 역겨워하는 민족에 속한 여성을 의미한다. 그녀는 헬라인이었으며 로마의 식민지였던 시리아

출신이었다. 다시 말해, 마가는 그녀가 철저한 이방인임을 강조하고 있다. 예수님의 근본적인 사명은, 수년 후에 바울도 그러했듯이, 먼저 유대인들을 위한 것이었다. 이는 여성의 요청에 대한 예수님의 대답에서 명확히 알 수 있다. 물론, '개'라는 단어가 경멸의 표현이라는 일반적인 용법으로 보일지라도, 예수님이 어쩌면 미소를 짓거나 눈빛에 장난기가 깃든 채로 그 단어를 사용하셨을 가능성도 있다. 하지만 이 여성에게는 예수님이 그녀의 딸을 치유할 수 있다는 확신과 더불어 기민한 재치가 있었다. 예수님은 이 두 가지를 알아보셨고, 그녀의 믿음을 인정하시며 그녀가 집으로 돌아가 그녀의 딸이 완전히 회복되어 있을 것이라고 확신시켜 주셨다.

마가가 이 특별한 사건을 기록한 데에는 두 가지 목적이 있었던 것으로 보인다. 첫째, 예수님의 명성이 주변 이방인 지역까지 퍼져 나갔음을 보여주기 위함이며, 둘째, 예수님의 긍휼이 하나님의 '특별한 자녀들'만이 아닌 이방인들까지도 온전히 품으셨음을 강조하기 위함이다.

예수께서 귀먹고 말이 어눌한 이를 고치시다 (7:31-37)

³¹예수께서 한 번 더 두로 근처를 떠나 시돈을 거쳐 갈릴리 호수 쪽을 향해, 열 성읍 지역을 가로질러 가셨다. ³²사람들이 귀먹고 말이 어눌한 사람을 예수께 데리고 와서 손을 얹어주시기를 간청했다. ³³예수께서 그를 데리고 따로 멀리 가셔서, 손가락을 그 사람의 귀에 넣으시고, 그의 혀에 침을 묻히셨다. ³⁴그러고 나서 하늘을 보며 숨을 깊이 내쉬고 아람어로 그에게 말씀하셨다. "열려라!" ³⁵그러자 귀가 열리고, 그 즉시 그의 혀를 묶고 있던 것이 풀려 말을 아주 분명하게 했다. ³⁶예수께서 그들에게 이 일을 아무에게도 말하지 말라고 당부하셨다. 그러나 예수께서 그렇게 말씀하실수록, 그들은 그 소식을 더 널리 알렸다. ³⁷사람들은 깜짝 놀라 이런 말을 했다. "이분이 하시는 일은 정말 대단하다! 귀먹은 이를 듣게 하시고, 말 못하는 이를 말하게 하신다."

지도를 보면 예수님의 귀환 경로는 매우 복잡해 보인다. 우리가 모르는 목적이 있었을 수도 있고 아니면 마가 혹은 베드로의 지리적 지식이 부족했을 수도 있다. 귀먹고 제대로 말할 수 없는 남자의 치유 이야기에서는 환자의 믿음에 대해 직접적인 언급은 없다. 하지만 완전히 청각이 없고 제대로 말할 수 없는 사람이 자신의 믿음을 표현하기란 사실상 불가능했을 것이다. 어쨌든 '네 사람에게 이끌려 온 남자'의 경우처럼, 그를 예수님에게로 데려온 사람들에게 상당한 믿음이 있었음이 분명하다. 예수님은 그 남자를 무리로부터 떼어내어 데리고 가지만, 그분의 행동이 관찰되지 않을 정도로 멀리 가지는 않는다. 예수님은 그 남자의 귀에 손가락을 넣고 자신의 침으로 그의 혀를 만지면서 치유하려는 의도를 분명히 드러내신다. 그런 다음 하늘을 우러러보셨는데 이는 치유가 하나님께로부터 온다는 것을 보여주는 명백한 표시였다. 예수님은 깊은 '한숨' 또는 '탄식'을 내쉬셨는데, 아마도 그 남자의 상태에 대한 깊은 연민이었을 것이다. 그리고 그의 모국어인 아람어로 단호하게 명령을 내리신다. 그는 결함 있는 신체 부위에 '열려라'라고 명령한다. 예수님의 모국어 사용은 베드로가 소중히 간직하고 있던 또 다른 작은 기억이다.

치유의 행위 후에 예수님은 이 일을 알리지 말라고 당부하시지만, 그것은 헛된 것이었다. 한때 자기들의 지방을 떠나달라고 애원했었던 사람들(5:17)이 이제는 예수님을 찬송하고 있는 것으로 보인다.

8장

예수께서 다시 기적을 베풀어 사람들을 먹이시다 (8:1-10)

¹이즈음 다시 큰 무리가 모였는데, 먹을 것이 하나도 없었다. 예수께서 제자들을 불러서 말씀하셨다. ²"이 무리가 안쓰럽구나. 3일이나 나와 함께 있다 보니 그들에게 남은 음식이 없다. ³빈속으로 돌려보내면 길에서 쓰러질 텐데. 멀리서 온 사람들도 있다." ⁴제자들이 대답했다. "이곳은 인적이 드문데 어디서 그들을 먹일 음식을 구할 수 있겠습니까?" ⁵예수께서 물으셨다. "너희에게 빵이 몇 개 있지?" "일곱 개 있습니다." ⁶예수께서 무리에게 땅에 앉으라고 말씀하셨다. 그러고는 손에 빵 일곱 개를 들고 감사 기도를 드리신 다음, 그것을 떼어 제자들에게 주시고 사람들에게 나누어주라고 하셨다. 제자들은 빵을 나누어주었다. ⁷그들에게 작은 생선도 몇 마리 있었는데, 예수께서 그것들을 축복하신 후에 역시 사람들에게 나누어주라고

> 제자들에게 말씀하셨다. **⁸**그들은 배불리 먹었을 뿐만 아니라, 남은 음식을 일곱 바구니 가득히 모았다. **⁹**사람들 수는 4,000명쯤 되었다. 예수께서 그들을 집으로 보내시고, **¹⁰**곧바로 제자들과 배를 타고 달마누다 지방으로 가셨다.

여기에 또 한 번 굶주린 무리를 먹이심을 보게 된다. 어떤 이들은 이 사건을 이전의 오병이어 기적의 중복, 즉 '이중 기록'으로 보기도 한다. 이는 마가가 특정 사건을 두 번 이상 언급하거나 설명하고 있다는 것을 의미한다. 하지만 마가가 가장 짧은 복음서를 기록하면서 단순한 반복을 일부러 포함했을 가능성은 거의 없다. 예수님이 가르침, 비유, 치유 행위를 여러 번 반복하셨다고 보는 것이 오히려 자연스럽다. 여기서도 이전에 행하셨던 일을 다시 행하신 것이라고 보는 편이 타당하다. 숫자에 차이가 있고, 일부 사람들은 그것에서 깊은 의미를 찾지만, 그것을 심각하게 생각해 보아야 할 주제는 아니라고 본다.

우리는 달마누다(10절)가 어디인지는 알지 못한다. 몇 가지 추측은 있지만, 우리가 알 수 있는 것은 그곳이 호수 인접 지역의 일부라는 것뿐이다. 왜냐하면 바리새인들과 짧은 마찰 후에 다시 배를 타고 떠났기 때문이다.

예수께서 표징 보이기를 거부하시다 (8:11-21)

[11]그때 바리새인들이 나타나 예수와 논쟁했다. 그들은 예수를 시험하려고 하늘에서 오는 표징을 요구했다. [12]예수께서 깊은 한숨을 내쉬며 말씀하셨다. "어째서 이 세대는 표징을 요구하느냐? 너희에게 해줄 수 있는 것은 이 말밖에 없다. 이 세대는 표징을 단 하나도 보지 못할 것이다!" [13]예수께서 그들을 떠나 다시 배를 타고 호수를 건너셨다. [14]제자들이 음식 가져오는 것을 잊어버려, 배에는 빵이 하나밖에 없었다. [15]예수께서 그들에게 심각하게 말씀하셨다. "정신을 똑바로 차려라! 바리새인의 '누룩'과 헤롯의 '누룩'을 조심해라!" [16]제자들은 빵을 가져오지 않은 터라 자기들끼리 그것을 진지하게 고민했다. [17]예수께서 그것을 알고 말씀하셨다. "어째서 빵을 안 가져온 것만 가지고 이야기하고 있지? 아직도 내 말을 깨닫지 못하고 이해하지 못하고 있느냐? 너희 마음이 닫혀있는 것이냐? [18]너희도 '눈이 있어도 보지 못하고 귀가 있어도 듣지 못하는' 백성하고 똑같은 것이냐? 벌써 잊었느냐? [19]내가 빵 다섯 개로 5,000명에게 떼어주었을 때 남은 빵을 몇 바구니나 모았지?" "열두 바구니입니다." [20]"빵 일곱 개로 4,000명을 먹였을 때는 남은 빵을 몇 바구니나 모았지?" "일곱 바구니입니다." [21]예수께서 말씀하셨다. "아직도 이 일이 너희에게 아무 의미도 없느냐?"

바리새인들은 예수님께 그분이 참으로 메시아임을 완벽하게 틀림없이 보여주는 어떤 표징을 얻어내려고 집착하고 있다. 하지만 예수님은 언제나 그렇듯, 그런 요구에 응하지 않으신다. 그분의 가르침, 치유, 삶의 방식이 그분이 주장하시는 바를 확신시키는 증거가 되지 못한다면, 그분이 그들에게 추가적인 증거를 제공하는 것은 의미가 없다. 바리새인들은 두 가지 양면적인 태도를 보인다. 그들은 냉담한 비판의 태도를 유지하면서 동시에 그리스도의 정체성에 대한 반박할 수 없는 증거를 요구했다. 예수님은 그들이 원하는 것을 제공하지 않으셨고 지금도 그렇게 하지 않으신다. 사람이 그리스도를 믿고 그분의 길을 따를 때만 내적 증거가 자라기 시작한다(요 7:16, 17을 참조하라). '방관자적'(신앙 없이 객관적인 거리를 유지하는) 그리스도인은 존재하지 않는다. 예수님의 한숨 혹은 깊은 내적 탄식은 동정심에서 나오는 것이 아니라 바리새인들의 오만하고 고집 센 태도에 대한 예수님의 고통과 분노의 표현이었다. 그러나, 그가 선택한 제자들이 본질적 진리를 이해하는데 너무 둔감하다는 것은 예수님께 더 괴로운 사실이었을 것이다.

다시 배에 오르신 예수님은 여전히 제자들이 오해하지 않도록 주의를 기울이신다. 누룩은 빵을 만드는 데 일반적으로 사용되는 효모의 형태로, 전날 반죽 일부를 떼어 오늘의 반죽을 부풀리는 데 쓰곤 했다. 누룩을 비유로 사용하는 것은 제자들에게 매우 친숙했을 것이다. 조용하고 거의 눈에 보이지 않는 발효, 그리고 소량으로 큰 덩어리를 부풀릴 수 있는 성질은 좋은 것이든 나쁜 것이든 어떤 영향력을 이미지로 설명하기에 충분했다. 여기서 예수님은 그들에게 두 가지 나쁜 영향력을 경계하도록 경고하신다. 하나는 바리새인들의 '누룩'인 폐쇄적이고 엄격한 율법주의의 악이요, 또 하나는 헤롯의 '누룩'인 세속적인 욕망과 도덕적인 방종의 악이다. 약간의 예의를 차려서 이야기하자면, 이 문제에 대해 그다지 총명하지 않았던 제자들은 그들의 식량이 부족하다는 것을 예수님이 언급하고 있다고 생각하고 있다. 예수님은 이전의 두 기적 사건을 자세히 상기시키면서 제자들의 둔감함에 대하여 강하게 책망하신다.

예수께서 다시 보게 해주시다 (8:22-26)

> ²²그들이 벳새다에 이르자 사람들이 눈먼 사람을 예수께 데려와 손을 대주시길 간청했다. ²³예수께서 그 눈먼 사람의 손을

잡고 마을 밖으로 나가셨다. 그런 다음 그의 눈을 침으로 적신 다음, 그에게 손을 얹고 물으셨다. "뭐가 보이느냐?" ²⁴그 사람이 쳐다보며 말했다. "사람들이 보입니다. 그런데 그저 나무가 걸어 다니는 것 같습니다." ²⁵예수께서 다시 그의 눈에 손을 대시자 그의 시야가 또렷해지며 시력이 회복되어 모든 것을 뚜렷하고 선명하게 보았다. ²⁶예수께서 다음과 같이 말씀하시며 그를 집으로 보내셨다. "마을로는 들어가지 말아라."

벳새다에서 예수님은 우리가 '2단계 기적'이라고 부를 수 있는 일을 행하셨다. 이번에도 고통받는 이가 친구들에 의해 예수께로 왔다. 예수님의 첫 번째 손길에 남자의 시력이 부분적으로 회복되었는데, 사람들을 보긴 하지만 그저 '나무가 걸어 다니는 것 같이' 보였다. 완전히 시력이 회복되기 위해서는 예수님의 두 번째 손길이 필요했다. 이것은 제자들이 영적인 시력을 한 번에 갖게 된 것이 아니라 단계적으로 얻게 되는 것을 보여주기 위해 마가가 일종의 비유를 사용한 것일 수 있다. 다른 치유의 사례들처럼, 예수님은 이 이야기가 마을로 퍼지는 것을 원하지 않았다. 어차피 그 남자는 그 마을에 속해 있지 않았기 때문에 그를 집으로 돌려 보냈다.

예수의 질문과 베드로의 탁월한 대답 (8:27-30)

> ²⁷예수께서 제자들과 가이사랴 빌립보의 마을로 가셨다. 가는 길에 제자들에게 물으셨다. "사람들이 나를 누구라고 하지?" ²⁸그들이 대답했다. "세례자 요한이라고 합니다. 그러나 엘리야라고 하는 사람들도 있고, 예언자라고 하는 사람들도 있습니다." ²⁹"그런데 너희는, 너희는 나를 누구라고 하느냐?" 베드로가 대답했다. "선생님은 그리스도입니다!" ³⁰그러자 예수께서 이를 누구에게도 말해서는 안 된다고 당부하셨다.

가이사랴 빌립보는 제국을 통치하던 황제 가이사와 그 지방을 통치하던 분봉왕 빌립을 기리기 위해 부여된 이름이었다. 빌립은 제단, 조각상, 봉헌물들로 수도를 화려하게 꾸며 놓았다. 그러나 여기서 우리가 주목해야 할 것은 그 도시 자체가 아닌 인근 마을들이다. 북쪽 지방으로 여행하면서 예수님은 제자들에게 처음으로 사람들이 자신을 어떻게 생각하는지 물었다. 대중의 여론에 따르면, 그는 죽은 자 가운데서 다시 살아난 세례 요한이거나 메시아가 실제로 오시기 전에 올 것이라는 선지자 엘리야로 여겨졌다. 그런 다음 제자들의 의견을 묻자 베드로는 모두를 대표해서 예수님이 바로 그리스도(또는 메시아)라고 고백한다.

예수께서 앞으로 일어날 일과
제자도의 대가를 언급하시다 (8:31-38)

31그리고 예수께서 인자가 고난을 많이 겪고 장로들과 대제사장들과 율법학자들에게 철저하게 버림을 받아 죽임을 당하고 3일 후에 다시 살아나는 일이 반드시 일어난다고 그들에게 가르기 시작하셨다. 32예수께서는 이 모든 것을 직설적으로 말씀하셨다. 그러자 베드로가 예수를 한쪽으로 모시고 가, 방금 하신 말씀에 대해 심하게 항변했다. 33그러나 예수께서 몸을 돌려 제자들을 보고 베드로를 꾸짖으셨다. "사탄아, 물러가라! 베드로야, 네 생각은 하나님의 생각이 아니라 인간의 생각이다!" 34예수께서 제자들과 그 주변에 있던 사람들을 불러서 말씀하셨다. "누구든 내 발자취를 따라오려면, 자신의 권리를 다 버리고 자기 십자가를 지고 나를 따라오너라. 35자기 목숨을 구하고자 하는 사람은 잃겠지만, 나와 기쁜 소식을 위해 자기 목숨을 잃는 사람은 그 목숨을 구할 것이다. 36자기 영혼을 희생하여 온 세상을 얻은들 그것이 무슨 소용이냐? 37영혼을 잃고 나면 무엇을 주고 그 영혼을 되살 수 있겠느냐? 38누구든

> 이 불성실하고 악한 세대 가운데서 나와 내 말을 부끄러워하면 인자도 아버지의 영광을 입고 거룩한 천사를 거느리고 올 때 그를 부끄러워할 것이다."

인자이신 자신이 필연적으로 고통을 겪고 배척당하며 마침내 죽임을 당하고 사흘 만에 다시 살아날 것이라는 말씀뿐만 아니라, 이 사실을 비밀로 유지해야 한다는 예수님의 이야기로 인하여 제자들은 적지 않게 요동하였다. 예수님은 이 예언을 매우 직설적으로 말씀하셨고, 이에 베드로는 말을 끊으며 하나님의 메시아인 인자에게 이것은 어울리는 미래가 될 수 없다고 경솔하게 말했다. 그러자 예수님은 베드로를 향해 돌아보시며, 광야에서의 유혹을 떠올렸다. 그는 사탄의 음성을 대변하여 하나님의 길을 막아서고 있다고 베드로를 엄하게 꾸짖으신다.

이제 예수님은 당시로서는 분명히 이해할 수 없었을 법한 어려운 말들을 그의 택하신 소수의 사람과 백성에게 쏟아 내신다. 이는 제자들뿐 아니라 우리에게도 놀라울 만큼 기이한 것이었다. 당시에 십자가를 진 사람은 로마법으로 십자가 처형을 앞둔 범죄자뿐이었기에, "자신의 권리를 다 버리고 자기 십자가를 지고 나를 따라오너라"라는 예수님의 말씀이 어떤 의미로 다가왔을지 가늠하기는 어렵다. 비록 이 말씀이 귀하게 여겨지긴 했지만, 실제로 이 문단은 번역하기가 굉장히 어렵다. 킹제임스성경에서 '자신을 부인하고'(deny himself)로 표현된 구절의 의미는 무엇일까? 헬라어로 '생명'(life)과 '영혼'(soul)을 의미하는 단어는 같다. 예수님은 개인의 자아, 욕망 등을 포기하는 것이 하나님과의 관계를 통해 발견되는 본질적인 영원한 자아를 얻는 것이라고 말씀하시는 걸까? 분명한 것은, 이 구절 전체를 통해 하나님 나라를 위해 섬기는 데 따르는 대가가 매우 크다는 사실이 명확히 드러난다는 점이다.

예수님은 이기적인 기대와 욕망을 완전히 포기하고 자신에 대한 완전한 충성을 명백하게 요구하신다. 이것만이 사람이 자신의 '생명' 혹은 '영혼'을 구원할 수 있는 유일한 방법이며, 어떠한 물질적 이득도 진정한 자아의 손실을 보상할 수 없다.

9장

예수께서 자신이 입을 영광을 예고하시다 (9:1-13)

¹그러고 나서 이렇게 덧붙이셨다. "장담하건대, 이곳에 서 있는 너희 중에는 죽기 전에 하나님 나라가 이미 권세를 잡고 임하는 것을 볼 사람들도 있다!" ²6일 후, 예수께서 베드로와 야고보와 요한을 아무도 없는 아주 높은 산으로 데리고 가셨다. 예수의 모습이 그들의 눈앞에서 완전히 변했다. ³그의 옷은 하얗게, 정말 눈부실 정도로 하얗게 되었다. 세상 어떤 표백제로도 그렇게 하얗게 만들 수 없었다. ⁴엘리야와 모세가 제자들 앞에 나타나 예수와 서서 대화를 나누었다. ⁵베드로가 갑자기 예수께 외쳤다. "선생님, 우리가 여기 있으니 참 좋네요! 오두막 셋을 지을까요? 하나는 선생님을 위해, 하나는 모세를 위해, 하나는 엘리야를 위해서요." ⁶사실 베드로는 무슨 말을 해야 할지 몰랐다. 그들은 너무 두려웠다. ⁷구름이 하늘을 덮었고, 구

름 속에서 어떤 음성이 들렸다. "이는 내가 아주 사랑하는 아들이다. 그의 말을 들어라!" ⁸그때 그들은 문득 주위를 둘러보았다. 그런데 그들 곁에는 예수 외에는 아무도 없었다. ⁹예수께서 산을 내려가시면서 그들에게 '인자가 죽었다가 다시 살아날 때'까지는 산에서 본 것을 아무에게도 말하지 말라고 경고하셨다. ¹⁰그들은 이 말씀에 깊은 인상을 받고, '죽었다가 다시 살아나는 것'이 무슨 의미인지 퍼즐을 맞추어 보았다. ¹¹그래서 그들은 예수께 이런 질문을 했다. "어째서 율법학자들은 엘리야가 그리스도보다 먼저 와야 한다고 말합니까?" ¹²예수께서 그들에게 말씀하셨다. "사실이다. 엘리야가 먼저 오고 만물의 회복이 시작된다. 그러나 성경이 인자에 관해 어떻게 말하지? 그는 고난을 많이 겪고 멸시를 받아야 한다고 말한다! ¹³내가 너희에게 말한다. 성경이 말하는 그대로, 엘리야가 먼저 왔을 뿐 아니라 사람들은 자기들이 하고 싶은 대로 그를 대했다."

우리가 오늘날 '변화산 사건'이라고 부르는 이 장면에 대한 묘사는 목격자인 베드로에게서 나온 것이 거의 확실하다. 이것은 본질적으로 주관적인 체험이다. 베드로는 그가 본 것과 들은 것을 묘사한다. 하지만 나는 이 사건에 대한 다른 관점을 제안하고 싶다. 곧, 선택받은 세 명의 제자들이 일시적으로 그들의 세속적인 눈먼 상태에서 벗어나 영원한 실재, 즉 시간과 공간을 넘어서는 차원을 보았다는 해석이다. 율법을 대표하는 모세와 예언자를 대표하는 엘리야가 예수님의 동시대 사람들처럼 나타나 그와 대화하는 장면이 그것이다. 그들의 눈부신 흰옷은 천상의 영광을 상징한다. 신약성경을 읽으며 우리가 기억해야 하는 것은, 번개 섬광을 제외하면 당시 사람들이 알고 있던 유일한 빛은 희미한 촛불이나 등잔 심지에서 나오는 불빛이었다는 사실이다. 우리는 손전등에서부터 가정용 조명, 무대 조명, 거대한 투광조명에 이르기까지 빛에 대한 지식이 있어 빛의 제어와 사용에 대해 잘 알고 있지만, 신약시대의 사람들은 그런 지식이 없었다. 따라서 예수께서 눈부신 빛으로 옷을 입은 모습이 그들에게 매우 강한 영향을 끼쳤을 것이다. 당연히 베드로는 보이는 이 장면을 오래도록 유지하고 싶었을 것이다. 그가 생각할 수 있는 유일한 실질적인 방법은 세 개의 처소를 설치하는 것이었다. 그러나 물론 그는 자신이 무슨 말을 하는지 거의 알지 못했다. 그때 하늘에서 음성이 들렸고, 이번에는 제자들도 그 음성을 듣고 그 뜻을 이해했다. 음성은 구름에서 나왔는데, 유대인들에게 구름은 종종 하나님의 임재를 의미하는 것이었다. 하나님께서 베드로, 야고보, 요한에게 이 예수가 자신의 아들이며 그가 하는 말은 들어야만 한다고 말씀하신 것이다.

영광의 순간은 지속하지 않았고 그들은 다시 예수님만 보이는 일상적인 삶으로 돌아왔다. 예수님은 그들과 산에서 내려오면서, 인자가 죽은 자 가운데서 일어날 때까지 변화산의 경험을 그 누구에게도 말하지 말라고 경고하셨다. 이미 예수님은 인자가 박해받고 거부당하며 죽임을 당하고 죽음에서 부활할 것이라고 이미 경고하신 바 있지만, 제자들이 얼마나 당혹스러워했을지 쉽게 상상할 수 있다. 아마도 그들의 마음은 여전히 메시아는 정복자요 영웅이어야만 한다는 생각으로 가득 차 있었을 것이다. 사실 우리가 후에 깨달음의 혜택을 받지 못했다면, 인간이 되신 하나님께서 자신의 비참한 미래를 예언한다는 것이 매우 받아들이기 어려운 일이었을 것이다. 직접적으로 말씀하시지는 않지만, 예수님은 분명히 '엘리야'가 이미 세례 요한의 인격으로 왔으며 하나님의 부르심을 받았던 예언자들조차도 인간의 악함에 의해 고난을 겪었다는 것을 분명히 암시한다. 그러므로 인자도 그와 같으리라고 말씀하신다. 제자들은 하나님에 의해 보내진 사람들일지라도 특별한 보호를 누리지 않는다는 것을 깨달아야 했다. 엘리야는 아합과 이세벨에게 박해를 받았고(왕상 19장), 세례 요한은 헤롯의 잔인한 손에서 고통을 겪었다. 이제 예수님도 인간들의 멸시와 조롱을 받으며 고난을 마주하게 될 것이다.

예수께서 간질에 걸린 소년을 고치시다 (9:14-29)

¹⁴그들이 다른 제자들이 있는 곳으로 돌아왔을 때, 제자들은 큰 무리에 둘러싸여 율법학자들과 언쟁을 하고 있었다. ¹⁵사람들은 예수를 보자마자 흥분하여 달려갔다. ¹⁶예수께서 그들에게 물으셨다. "무슨 일이냐?" ¹⁷무리에서 한 사람이 대답했다. "선생님, 제 아들이 말 못하는 귀신이 들려 선생님께 데려왔습니다. ¹⁸아이는 귀신에 사로잡혀서 어디서든 땅에 뒹굴고, 입에 거품을 물고 이를 갑니다. 그러면 아이는 녹초가 됩니다. 선생님의 제자들에게 그 귀신을 쫓아내 달라고 말했지만 그들에게는 그럴 능력이 없었습니다." ¹⁹예수께서 그들에게 말씀하셨다. "아, 너희가 믿음이 없구나! 내가 얼마나 너희와 함께 있어야 하며, 얼마나 오래 참아야 하느냐? 그 아이를 이리로 데려와라." ²⁰그들이 그 아이를 예수께 데려왔다. 귀신 들린 아이가 예수를 보자마자 경련을 일으키고, 바닥에 쓰러져서 입에 거품을 물고 몸부림을 쳤다. ²¹예수께서 아이의 아버지에게 물으셨다. "이렇게 된 지 얼마나 됐느냐?" "어릴 때부터 그

랬습니다. ²²귀신은 아이를 죽이려고 여러 번 불 속에도 밀어 넣고 물 속에도 빠뜨렸습니다. 하지만 선생님이 무엇이든 하실 수 있으면, 우리를 불쌍히 여겨서 도와주십시오." ²³예수께서 대답하셨다. "'무엇이든 할 수 있으면' 이라고? 믿는 자에게는 모든 것이 가능하다." ²⁴아이의 아버지가 크게 외쳤다. "믿습니다. 믿음을 더해 주십시오!" ²⁵예수께서 순식간에 무리가 모이는 것을 보시고, 그 귀신에게 단호하게 말씀하셨다. "귀먹고 말 못하는 귀신아, 내가 네게 명령한다. 이 아이에게서 나오고 절대 다시 들어가지 마라!" ²⁶귀신은 날카로운 비명을 지르며 지독한 경련을 일으킨 뒤에 아이를 떠나갔다. 아이가 송장처럼 누워 있자, 구경꾼들 대부분이 말했다. "아이가 죽었다." ²⁷그러나 예수께서 아이의 손을 붙잡고 일으키시자, 아이가 일어섰다. ²⁸예수께서 집에 가시자 제자들이 따로 예수께 물었다. "어째서 우리는 귀신을 쫓아내지 못했습니까?" ²⁹예수께서 대답하셨다. "기도하지 않고는 이런 귀신은 쫓아낼 수 없다."

설교나 강의에서, 이 본문에 소개된 영화로운 환상과 땅의 비참한 현실 사이의 대조가 인생의 전형적인 모습이라고 말하는 경우가 있다. 이에 어느 정도 수긍하지만, 이 특정 사례는 그 대비의 좋은 예가 못 된다. 왜냐하면 마가의 간결한 말에서 분명히 보이듯이, 산길을 내려오는 동안 예수님은 그들이 목격했던 영광이 실재의 세상에서는 보기 힘든 것이며, 오히려 그 반대가 사실이 될 것임을 설명하는 데 시간을 보냈을 것이기 때문이다. 제자들이 그것을 받아들이기에는 분명히 어려운 일이었겠지만 말이다.

이제 그들이 아버지와 함께 마주하는 간질에 걸린 소년은 겉보기에도 귀가 멀고 말을 할 수 없는 상태였다. 그 소년은 자주 일어나는 무지막지한 발작의 희생양이었다. 이것은 정말 처참한 모습이다. 예수님은 평범한 사람들의 소경 됨과 믿음 없음에 분명히 슬픔과 놀라움을 느끼셨을 것이다. 언제나 하나님 아버지와의 깊은 연합을 유지했던 예수님은 세상을 훨씬 더 냉철하고 현실적으로 보았다. 그는 '내가 얼마나 오래 참아야 하느냐?'라며 답답함을 감추지 못했다. 그 후 예수님은 간질에 걸린 소년이 여러 해 동안 병마로 고통을 당해왔는지 그의 아버지를 통하여 알게 된다. 그 아버지는 아들을 예수께 데려오는 것으로 어느 정도의 믿음을 보였지만 여전히 충분한 믿음은 아니었다. '선생님이 무엇이든 하실 수 있으면'이라는 말은 참으로 기괴하고 어불성설처럼 느껴진다. 예수님은 믿는 사람에게는 모든 것이 가능하다고 선언한다. 그 아버지는 자신이 믿음이 충분하지 않다는 것을 솔직하게 인정하며 말한다. '믿습니다. 믿음을 더해 주십시오!' 이 말은 거의 속담처럼 되었고, 우리는 그것이 실제로 무엇을 의미하는지 알 필요가 있다. 분명히 이 남자는 그의 믿음이 충분히 깊거나 강하지 않다는 것을 자각했으며, 더 온전히 믿기를 갈망하고 있었다. 예수님은 이 소년을 귀먹게 하고 벙어리로 만들며 경련을 일으키는 귀신에게 나가서 다시는 돌아오지 말라고 명령하신다. 곧바로 소년의 몸이 마지막으로 격렬하게 발작하였고, 마치 생명이 다한 듯 소년은 조용히 누워 있다. 하지만 예수님은 그의 손을 잡으며 일으켜 세우며 그를 살려낸다. 제자들은 귀신을 쫓아내는 능력을 받았음에도 불구하고, 이 특별한 사례가 자신들의 능력 밖의 일이라는 것에 당연히 놀랐다. 예수님의 대답은 다소 난해하게 들린다. 여기서 '금식'이라는 말은 초기 사본에 추가된 것으로, 가장 신뢰할 만한 사본들에는 나타나지 않으므로 제외할 수 있다(킹제임스성경은 'by prayer and fasting'으로 번역했다). 여기서 예수님 말씀은 어떤 의미인가? 제자들이 기도의 능력을 충분히 사용하지 않았다는 말인가 아니면 그들이 기도를 통해 자신의 믿음을 충분히 키우지 못했다는 말인가? 우리가 알다시피, 예수님은 하나님 아버지와의 교제를 새롭게 하시려 늘 홀로 기도하는 시간을 가지셨다. 아마도 현대의 그리스도인들은 귀신의 힘이 어떻게 나타나든 그 힘을 효과적으로 제압하기 위한 지속적인 기도가 필요하다는 것을 잊고 있는지도 모른다.

예수께서 제자들에게 따로
자신의 죽음을 경고하시다 (9:30-32)

> ³⁰그들은 그 지방을 떠나 곧바로 갈릴리를 지나갔다. 예수께서는 이 여행을 외부에 알리지 않으셨다. ³¹이는 제자들에게, 인자가 사람들의 손에 넘어가서 죽지만 3일 만에 다시 살아난다고 가르치고 계셨기 때문이다. ³²그러나 그들은 이 말씀을 전혀 이해하지 못했고 무슨 뜻인지 묻기도 두려웠다.

어쩌면 예수님은 큰길을 피하면서 여정을 비밀로 유지하고, 군중으로부터 자유로워지면서 제자들을 더 많이 가르치실 수 있었을 것이다. 다시 한번 그는 인자가 어떻게 배신당하고 죽임을 당하고 3일 만에 다시 살아날 것인지를 그들에게 일러주신다. 그러나 이 시점에서 그들은 예수님이 무슨 말씀을 하려는지 전혀 이해할 수 없었겠지만, 그분의 능력과 권위 있는 말씀 때문에 질문하는 이가 아무도 없었다.

예수께서 '높은 사람'의 의미를
새롭게 정의하시다 (9:33-42)

³³그들은 가버나움으로 갔다. 그들이 집 안에 있을 때 예수께서 그들에게 물으셨다. "너희가 걸어오면서 무슨 논의를 했느냐?" ³⁴그들은 말이 없었다. 누가 가장 높은지를 놓고 논쟁했기 때문이다. ³⁵예수께서 앉으셔서 열두 제자를 불러 말씀하셨다. "누구든 첫째가 되고 싶으면, 꼴찌가 되어야 하고 모든 사람의 종이 되어야 한다." ³⁶그러고는 어린아이 하나를 데려와 그들 앞에 세우고 그 아이를 안으며 말씀하셨다. ³⁷"나를 위해 이런 어린아이 하나를 맞아들이는 사람은 누구든 나를 맞아들이는 것이다. 나를 맞아들이는 사람은 나뿐 아니라 나를 보내신 이도 맞아들이는 것이다!" ³⁸요한이 예수께 말했다. "선생님, 우리가 선생님의 이름으로 귀신을 쫓아내는 어떤 사람을 보고, 우리를 따르는 사람이 아니라, 하지 못하게 막았습니다." ³⁹그러나 예수께서 이렇게 답변하셨다. "막지 말거라. 내 이름으로 그런 능력을 발휘하는 사람은 쉽사리 나를 반대하지 않을 것이다. ⁴⁰우리를 반대하지 않는 사람은 우리 편이다. ⁴¹너희에게 분명히 말한다. 너희가 나를 따른다는 이유로 너희에게 내 이름으로 물 한 잔이라도 주는 사람은 분명히 보상을 받을 것이다. ⁴²다시 말한다. 아주 보잘것없는 사람의 믿

음이라도 혼란스럽게 하는 사람은 목에 맷돌을 매고 바다에 빠지는 편이 나을 것이다!

예수님은 제자들이 가버나움으로 가는 길에 무엇을 이야기했는지를 잘 알고 계셨을 것이다. 어쩌면 그들의 대화 중 일부를 흘려 들으셨을지도 모른다. 어쨌든, 그들에게 거창함(grandness)과 위대함(greatness)의 차이를 가르치기로 하셨다. 새로운 왕국에서 위대함은 직위나 직분이 아니라 겸손하게 기꺼이 섬기려는 의지에서 찾을 수 있다.

아마도 그 어린아이는 근처에서 놀고 있었거나, 그들이 머물던 실내 공간으로 들어왔을 것이다. 예수님은 단순한 애정으로 그를 안아 올리셨다. 예수님이 칭찬하시는 것은 어린아이의 겸손함과 열린 마음이다. 또한, 이런 아이 같은 마음을 인정하는 자라면 그리스도 자신를 인정하는 것이고 그뿐 아니라 그분을 보내신 하나님까지 인정하는 것이라고 말씀하고 있다.

복음서에서 요한이 대변인 역할을 맡은 경우는 매우 드물었다. 여기서(38절) 그는 아마도 제자들을 대변하여, 그들이 예수님의 이름으로 귀신을 쫓는 누군가를 제지하려 했다고 말한다. 그 능력은 예수님이 그들에게만 부여한 특별한 것으로 여겼기 때문이다. 그러나 예수님은 그런 경우는 그냥 놔두어도 문제가 되지 않는다고 보셨다. 아직 그의 일행에 합류하지 않은 사람이지만 예수님의 뜻에 따라 행동하는 사람을 적으로 볼 수 없었다. 이러한 능력의 행사뿐만 아니라 그리스도께 속한 제자들에게 마실 물을 제공하는 것과 같은 단순한 섬김의 행위도 간과되지 않을 것이다. 그 반대의 상황도 끔찍하게도 사실이다. 예수님을 단지 온유하고 온화한 분으로 생각하는 사람들은 이 말씀을 깊이 생각해 보는 것이 좋을 것이다. 예수님은 가장 보잘것없는 제자 중 한 명에게라도 영적 손상을 준다면, 차라리 죽는 편이 더 낫다고 말씀하신다. 오늘날의 혼란스러운 신학에서는 믿음이 약한 사람들에 대한 특별한 보살핌의 원칙이 잊힌 듯 보인다. 그러나 이것은 분명히 예수님께 매우 중요한 문제였으며, 사람들의 사적인 삶에까지 적용된다. 물론 이 말은 은유적으로 받아들여야 하지만, 그 중요성은 결코 가볍게 여겨서는 안 된다.

하나님 나라에 들어가려면
고통스러운 희생이 따를 수도 있다 (9:43-50)

⁴³실제로, 너희 손이 너희 믿음을 망치면 잘라버려라. 두 손을

가지고 불이 꺼지지 않는 쓰레기 더미로 가는 것보다는 불구로 생명에 들어가는 편이 더 낫다. ⁴⁵만약 너희 발이 너희 믿음을 엉망으로 만들면 잘라버려라. 두 발을 가지고 쓰레기 더미로 떨어지는 것보다는 한 발로 생명에 들어가는 편이 더 낫다. ⁴⁷너희 눈이 너희를 미혹하면 빼내 버려라. 두 눈을 가지고 쓰레기 더미로 떨어지는 것보다는 한 눈으로 하나님 나라에 들어가는 편이 더 낫다. ⁴⁸그 쓰레기 더미에서는 부패가 끊이지 않고 불이 꺼지지 않는다. ⁴⁹모든 사람이 소금에 절여지듯 불에 절여질 것이다. ⁵⁰소금은 좋은 것이다. 그러나 소금이 맛을 잃으면 어떻게 그 맛을 되찾겠느냐? 너희 안에 소금을 두고 서로 평화롭게 살아라."

만약 인격 중의 한 부분이 자신의 인격 전체를 쓰레기로 만들어버릴 가능성이 있다면, 그것은 강력하게 통제되거나 완강히 부정되어야 할 것이다. 꺼지지 않는 불의 개념은 '게헨나'(Gehenna)라는 이름의 계곡에서 유래되었는데, 이는 예루살렘 도시에서의 모든 종류의 쓰레기와 폐기물이 끊임없이 불타던 협곡이었다. 그런데 우리가 지금 갖고 있는 본문이 완전하지 않을 수도 있다. 왜냐하면 게헨나의 불과 "모든 사람이 소금에 절여지듯 불에 절여질 것이다"라는 표현 사이의 연결이 명확하지 않기 때문이다. 예수님이 무엇을 의미하려 했는지 알기가 매우 어렵다. 그것은 다소 모호하게나마, 모든 기독교인의 삶에 박해의 불이 임하는 것, 즉 '소금에 절여질 것'을 의미할 수 있다. 또한, 레위기의 규정과 일부 연관성이 있을 수 있는데, 이 규정에 따르면 모든 제물에는 소금을 뿌려야 했다(레 2:13). 그 일반적인 의미는 자기희생과 각성을 통해 그리스도인의 삶이 계속해서 무미건조한 타협으로부터 구원받는다는 것 같다. 제자들은 자기 부인과 겸손의 습관을 유지하면서 서로 화평하게 살아가야 한다.

10장

결혼에 담긴 하나님의 뜻 (10:1-12)

¹예수께서 갈릴리를 떠나 유대 변방을 향해 요단강 건너편으로 가셨다. 다시 큰 무리가 예수를 만나려고 모였고, 예수께서는 평소대로 그들을 가르치셨다. ²그때 바리새인들이 나타나 예수를 시험하려고 질문을 던졌다. "남자가 아내와 이혼하는 것이 옳을까요?" ³예수께서 그들의 질문에 질문으로 대답하셨다. "모세는 어떻게 하라고 말했느냐?" ⁴"모세는 이혼 증서를 써주고 아내를 버리는 것을 허락합니다." ⁵예수께서 말씀하셨다. "모세가 그렇게 지시한 것은, 너희가 사랑의 의미를 잘 모르기 때문이다. ⁶그러나 태초부터 하나님은 사람을 남자와 여자로 만드셨다. ⁷'따라서 남자는 자기 부모를 떠나 아내와 연합해야 한다. ⁸둘이 한 몸이 되어야 한다.' 그러므로 그들의 몸은 더 이상 둘이 아니라 하나다. ⁹이 때문에 하나님이 합

> 치신 것을 사람이 갈라놓아서는 안 된다." [10]제자들은 집에 도착하자마자 예수께 다시 이 문제에 관해 물었다. [11]예수께서 그들에게 말씀하셨다. "아내와 이혼하고 다른 여자와 결혼하는 남자는 누구든 아내에게 간음을 행하는 것이다. [12]또 아내가 남편과 이혼하고 다른 남자와 결혼하면 그 여자도 간음을 행하는 것이다."

바리새인들은 이혼에 관한 질문에서, 예수님이 모세와 모순되는 말씀을 하시도록 하려는 의도를 가지고 있었다(신 24:1-4 참조). 예수님은 모세가 이혼을 허락한 것은 '사람들의 마음이 굳어져' 있기 때문에, 즉 필자가 번역한 대로 '인간이 사랑의 의미를 너무 모르기 때문'이라고 말씀하신다. 이혼은 하나님의 계획의 일부가 아니며, 하나님의 계획은 남자와 여자가 서로 하나의 인격으로 여겨질 만큼 깊이 연합하는 것이다. 예수님은 나중에 제자들이 집 안에 있을 때도 이 단호한 태도를 반복하신다. 오늘날 우리는 어쩌면 그 당시의 특정한 경우에는 진정한 결혼이 존재하지 않았다고 주장할 수 있다. 하지만 하나님의 원칙은 명확하다.

예수께서 어린아이들을 환대하시다 (10:13-16)

> ¹³그때 몇몇이 어린아이들을 데려와 예수께서 어루만져주시기를 바랐다. 제자들이 그들을 막으려 했다. ¹⁴예수께서 제자들의 모습을 보고 화를 내시며 말씀하셨다. "어린아이들이 내게 오도록 두어라. 막지 마라! 하나님 나라는 이런 자들의 것이다. ¹⁵진실로 너희에게 분명히 말한다. 어린아이처럼 하나님 나라를 받아들이지 않는 사람은 절대 그 나라에 들어가지 못한다." ¹⁶그러고 나서는 아이들을 안고 그들에게 손을 얹고 축복하셨다.

우리는 사람들이 예수님의 손길을 받기 위해 어린아이들을 데려오는 것을 막으려고 한 제자들의 태도에 의문이 들 수 있다. 아마도 그들은 이것이 예수님의 품위에 어울리지 않거나 그의 사역을 방해한다고 생각했을 수 있다. 그러나 예수님께 아이들은 분명히 소중한 존재들이다. 아이들은 그 자체로 소중할 뿐만 아니라, 사람이 천국에 들어가려면 어린아이의 때 묻지 않은 순수함, 신뢰, 배우려는 태도 등과 같은 순전한 특성들이 요구된다. 예수님은 아이들에게 손을 얹고 축복함으로써 자신의 말씀을 확증하셨다.

부의 위험 (10:17-31)

17예수께서 다시 길을 떠나실 때 한 남자가 달려와 발 앞에 엎드려서 물었다. "선한 선생님, 영원한 삶을 확신하려면 무엇을 해야 하는지 제발 알려주십시오." 18예수께서 대답하셨다. "왜 그대는 나를 선하다고 하느냐? 선한 사람은 아무도 없다. 오직 하나님만 선하시다. 19그대는 이런 계명들을 알고 있다. '살인하지 마라. 간음하지 마라. 도둑질하지 마라. 위증하지 마라. 속이지 마라. 네 부모를 공경해라.'" 20그가 대답했다. "선생님, 저는 아주 어렸을 때부터 이 모든 계명을 정성을 다해 지켰습니다." 21예수께서 따뜻한 마음으로 그를 가만히 바라보시며 말씀하셨다. "네게 아직 부족한 것이 하나 있다. 가서 네가 가진 모든 것을 팔아 그 돈을 가난한 자들에게 주어라. 그러면 하늘에서 부유하게 될 것이다. 그런 다음 나를 따르라." 22아주 부자였던 그는 이 말씀을 듣자 어두운 얼굴로, 깊이 고뇌하며 돌아갔다. 23예수께서 제자들을 둘러보며 말씀하셨다. "가진 것이 너무 많은 사람은 하나님 나라에 들어가기가 정말 어렵다!" 24제자들은 깜짝 놀랐지만 예수께서는 계속 말씀하셨다. "얘들아, 하나님 나라에 들어가기가 얼마나 어려운지 모른다. 25부자가 하나님 나라에 들어가는 것보다는 낙타가 바늘귀를 통과하는 것이 더 쉬울 것이다." 26이 말씀에 제자들은 놀라움을 금치 못하고 서로 말했다. "그렇다면 누가 구원을 받을 수 있을까?" [27]예수께서 그들을 똑바로 바라보며 말씀하셨다. "인간적으로 말하면 불가능한 일이다. 그러나 하나님께는 그렇지 않다. 하나님께는 모든 것이 가능하다." [28]베드로가 소리쳤다. "그러나 보십시오. 우리는 모든 것을 버리고 선생님을 따랐습니다!" [29]예수께서 말씀하셨다. "내가 너희에게 약속한다. 나와 기쁜 소식을 위해 집이든 형제든 자매든 어머니든 아버지든 자녀든 땅이든 버린 사람은 [30]이생에서 박해를 받아도, 집과 형제와 자매와 어머니와 자녀와 땅의 백 배를 돌려받을 것이다. 또한 다음 세상에서 영원한 삶도 받을 것이다. [31]그러나 지금 선두에 있는 많은 이들이 그때 꼴찌가 되고, 지금 꼴찌가 그때 선두가 될 것이다."

마태는 예수님을 찾아온 이 열정적인 사람이 젊은 사람이라고 전한다. 마가는 그의 열정과 겸손을 간략히 설명한다. 예수님의 대답은 처음에는 약간 이해하기 어렵다. 사실 예수님은 자신의 선함을 부인하는 것이 아니라 청년의 관심을 가장 먼저 충성해야 할 하나님께로 돌리려 하고 있다. 그분은 청년의 진짜 문제를 간파하셨다. 청년은 자기가 알고 있던 계명과 예수님이 그에게 줄 수 있는 다른 계명을 지킴으로써 영생을 얻으려 하고 있었다. 하지만 예수님은 그에게 필요한 것은 단순한 외적인 행위가 아니라 존재 자체를 온전히 헌신하는 것이라 말씀하신다. 그의 경우, 예수님의 제자가 되기 위해서는 부유함이 주는 사치와 안락함을 버려야 했다. 모든 것을 벗어 던져 본연의 자신만 남기고, 그 상태에서 예수님을 따라야 했다.

우리는 이 부자 청년의 그 후의 삶에 대해서 아는 바가 없지만, 그가 실망하여 떠나간 순간은 안다. 예수님은 주변 사람들의 표정을 살피시며, 많은 재산을 가진 사람들이 천국에 들어가는 것이 얼마나 어려운지를 설명하셨다. 아마도 나중에 다시 이 진리를 측근의 제자들에게 반복해서 말씀하셨을 수도 있다. 그들이 놀라는 것은 당시 많은 유대인이 물질적 번영을 하나님의 축복의 표시로 여겼기 때문이다. 그들은 이 세상의 물질로 눈에 띄게 축복받은 사람들조차 천국에 들어가기가 불가능하다면, 물질적 축복이 없는 사람들은 얼마나 더 어렵겠는가 하는 생각을 하였다. 이에 대해 예수님은 '하나님께는 모든 것이 가능하다'라는 이해하기 어려운 대답을 하신다.

세기를 거슬러 올라가 전적으로 헌신했던 그리스도인들의 삶을 보자면, 어떤 이들은 이 땅의 모든 재산을 포기해야 했고, 또 어떤 이들은 상당한 희생을 치러야 했으며, 또 다른 이들은 그들의 재산을 현명하고 유용하게 사용해야 했다. 이 하나의 사건만을 근거로 예수님의 모든 참된 제자들은 가진 모든 것을 포기해야 한다는 결론을 내는 것은 어리석은 일일 것이다. 베드로는 그의 특유의 솔직함으로, 사도들은 최소한 부자 청년이 하지 않은 일을 했다고 곧바로 밝힌다. 그들은 예수님을 따르기 위해 자신들의 직업, 집, 친구들을 포기했는데, 그렇다면 그들의 보상은 무엇이겠냐는 것이다. 예수님은 천국에서 '지금 이 세상에서'의 어떤 희생이든지 그 이상으로 보상받는다고 대답하셨다. 하나님은 누구에게도 빚을 지지 않으신다. 사람은 그가 희생한 친구들과 집, 실제로 그가 희생한 모든 것에 대해 넓은 범위 안에서 더 보상받게 될 것이다. 이것은 현대의 수많은 선교사를 통하여 확인할 수 있는 진리이다. 그러나 예수님은 '이생에서 박해를 받아도'라는 말을 덧붙이시며, 이 일시적인 생명의 끝에서 주님께 전적으로 헌신하는 사람은 하나님의 영원한 생명에 들어가게 될 것이라고 하셨다. 또한 이 세상의 가치들은 천국의 가치들에 의해 명백히 뒤바뀔 것이라고 덧붙이신다. 이 세상 부자들이나 권세가들은 새로운 관점에서 보면 오히려 가난하고 빈약한 자들로 드러날 수 있다. 마찬가지로, 겸손하고 겉보기에는 변변치 못한 사람들은 하나님의 나라의 기준 아래에서 높게 평가될 수도 있다.

마지막 예루살렘 여행 (10:32-34)

> ³²그들은 예루살렘으로 가고 있었고, 예수께서 앞장서 가셨다. 제자들은 이에 당황했고 따르던 이들은 두려워했다. 그러자 예수께서 한 번 더 열두 제자를 한쪽으로 데리고 가셔서 자신에게 일어날 일을 일러주셨다. ³³"보다시피 우리는 지금 예루살렘으로 가고 있다. 인자는 대제사장과 율법학자들의 손에 넘어갈 것이다. 그들은 인자에게 사형을 선고하고 이교도들에게 넘길 것이다. ³⁴그들은 인자를 조롱하고 침을 뱉고 채찍질하고 죽일 것이다. 그러나 인자는 3일 뒤에 다시 살아날 것이다."

이제 예수님은 마치 자신이 예견한 종말을 맞이하려는 듯 앞장서서 걷기 시작했고, 그의 추종자들은 그와 함께 가기를 두려워한다. 예수님은 잠시 멈추어서 열두 제자에게 다시 한번 그에게 일어날 일을 설명하셨다. 인자가 수치와 비하, 그리고 마침내 죽음을 당하게 될 것이지만, 그가 다시 살아나실 것이라는 말씀이다. 그가 이런 말씀을 했다는 사실은 베드로가 그것들을 기억하며 마가가 기록할 수 있도록 전해주었을 것이다.

때에 맞지 않는 요청 (10:35-45)

³⁵그때 세베대의 두 아들 야고보와 요한이 예수께 말했다. "선생님, 꼭 들어주셨으면 하는 청이 있습니다." ³⁶"원하는 것이 무엇이냐?" ³⁷"선생님께서 영광스럽게 다스리실 때 우리를 선생님 양편에 앉게 해주십시오." ³⁸"너희가 무엇을 구하는지 모르는구나. 너희는 내가 마셔야 하는 잔을 마실 수 있겠느냐? 내가 견뎌야 하는 세례를 받을 수 있겠느냐?" ³⁹"네, 할 수 있습니다." "너희는 정말 내가 마시는 잔을 마시고, 내가 견뎌야 할 세례를 받을 것이다! ⁴⁰그러나 내 양편에 앉는 일은 내가 허락할 일이 아니다. 그 자리는 임자가 있다." ⁴¹열 제자는 그 말을 듣고 야고보와 요한에게 심하게 화를 냈다. ⁴²그래서 예수께서 그들을 모두 불러서 말씀하셨다. "너희도 알듯이 소위 이교도의 통치자들은 사람들 위에 군림하고, 최고 권력자들은 절대 권력을 가지고 있다. ⁴³그러나 너희는 달라야 한다. 너희 중에 누구든 높은 사람이 되고 싶으면 너희 모두의 종이 되어야 한다. ⁴⁴너희 중에 누구든 으뜸이 되고 싶으면, 너희 모두의 노예가 되어야 한다! ⁴⁵인자는 섬김을 받으러 온 것이 아니라 섬기러 왔고, 많은 이들을 해방하려고 자기 생명을 주러 왔기 때문이다."

제자들이 여전히 예수의 말씀을 이해하지 못했다는 것은 야고보와 요한의 시기적절하지 않은 요청에서 볼 수 있다. 예수님은 이 두 제자에게 직접 도전하면서 자신이 마실 잔을 마시고 자신이 견딜 세례를 감당할 수 있는지 물으신다. 이 두 가지는 구약에서 주로 볼 수 있는 고난과 곤고의 은유이다. '고난의 잔'은 시편에서 여러 차례 등장하며, 시편 기자들은 극도의 고통에 처한 사람들을 '깊은 물을 통과한 사람'으로 묘사하기도 했다. 실제로 세례는 가볍게 물을 적시는 것을 의미하는 것이 아니라 물속에 깊이 잠기는 것을 의미한다. 예수님은 자신이 겪을 고난을 그들도 분명히 경험하게 될 것이라고 말씀하시지만, 그분의 나라에서의 양옆 자리를 약속할 수는 없다고 말씀하신다. 이런 명예로운 위치는 이미 정해진 이들을 위해 준비된 것이다(마 20:23을 참조하라). 다른 열 제자는 야고보와 요한에게 매우 분개했는데, 그것이 시기적절하지 않은 요청이었기 때문이 아니라, 단순히 이기적인 행동으로 보였기 때문일 것이다. 예수님은 다시 한번, 하나님의 나라에서는 이방 세계와는 전혀 다른 원칙이 적용된다고 말씀하셨다. 자기의 힘을 과시하는 사람이 아니라 철저하게 겸손을 품는 사람이 큰 자가 되는 것이다.

'그러나 너희는 달라야 한다.' 때때로 우리의 교회가 이 가르침을 얼마나 진지하게 받아들이고 있는지 궁금하다. 기독교 교회에도 이방 세계와 비슷한 지위와 직책이 있다는 것은 쉽게 볼 수 있다. 이것은 분명히 예수님의 뜻이 아니다. 하나님 나라에서는 섬기는 자라야 큰 자로 여겨질 것이다. 인자 자신도 '섬김을 받으러 온 것이 아니라 섬기러 왔고, 많은 이들을 해방하려고' 그의 생명을 내주셨다. 이 마지막 말씀은 글자 그대로 '많은 사람을 대신하여 대속물'로 자신을 바치는 것을 의미한다. 실제로 이 대속물이 누구에게 지불되었는지에 관해서는 많은 신학적 논쟁이 있었다. 확실히, 이것은 많은 중세 학자들이 믿었던 것처럼 마귀에게 지불되는 대속물일 수는 없다. 또한 하나님 아버지께서 그의 자녀들을 자유롭게 하려고 몸값을 요구하신다고도 상상할 수 없다. 그러나 모든 진지한 종교에는 하나님의 거룩하심과 인간의 죄 사이의 화해 문제가 언제나 존재한다. 바울은 "하나님은 그리스도 안에 계시사 친히 세상과 화해하셨습니다"(고후 5:19)라고 기록하는데, 이는 그가 주님의 이 진리에 누구보다 가장 가까이 다가갔다고 말해 주는 듯하다.

눈먼 거지를 고치신 예수님 (10:46-52)

⁴⁶그들은 여리고에 도착했다. 예수께서 제자들과 큰 무리와 함께 그곳을 떠나실 때 바디매오[즉, 디매오의 아들]라는 눈먼 거지가 길가에 앉아 있었다. ⁴⁷그는 나사렛 예수가 왔다는 말을 듣고 소리치기 시작했다. "다윗의 자손 예수여, 불쌍히 여겨주십시오!" ⁴⁸수많은 사람이 그에게 조용히 하라고 야단 쳤지만, 그는 더 크게 소리쳤다. "다윗의 자손이여, 저 좀 불쌍히 여겨주십시오!" ⁴⁹예수께서 걸음을 멈추고 서서 말씀하셨다. "그를 이리로 불러라." 그래서 그들이 그 눈먼 사람을 불러 말했다. "이제 괜찮소. 일어나요. 그분이 당신을 부르십니다!" ⁵⁰그는 겉옷을 내버리고 벌떡 일어나 예수께 갔다. ⁵¹예수께서 물으셨다. "내가 그대에게 무엇을 해주기를 원하느냐?" 눈먼 사람이 대답했다. "선생님, 다시 보고 싶습니다!" ⁵²예수께서 말씀하셨다. "이제 가라. 그대의 믿음이 그대의 병을 낫게 했다." 그가 즉시 시력을 회복하고, 예수께서 가시는 길을 따라갔다.

우리는 예수님이 왜 여리고에 오셨는지 그리고 왜 이제 그곳을 떠나려고 하시는지 알 수 없다. 누가복음에서는 눈먼 거지의 치유가 그 도시에 접근하면서 이루어졌던 것처럼 서술하지만, 이것이 베드로의 회상을 바탕으로 한 것이라면 마가의 기록이 더 신빙성이 있다. 어떻게든 이 눈먼 거지는 예수님이 그 길을 지나가고 있다는 것을 들었고, 그에게 자비를 구하며, '다윗의 자손'이라는 메시아의 칭호를 사용한다. 예수께서 그를 부르시자, 눈먼 거지는 자신의 겉옷을 벗어 던지고 벌떡 일어나 예수님께 나아온다. 다시 한번 여기에서의 움직임 묘사는 두 눈으로 본 목격자만이 알 수 있는 세부사항임을 시사한다. 그는 '라보니'(*Rabboni*)라는 단어를 사용하는데, 이는 '주인님' 또는 '주님'을 뜻하는 아람어이다. 이것은 부활하신 주님을 갑작스레 알아본 마리아의 반응과 비교할 수 있다(요 20:16). 예수님은 그 남자를 치유하면서 그의 믿음이 그를 낫게 했음을 분명히 하시고, 이번에는 치유 받은 남자가 예수님을 따라 길을 나설 수 있게 허락하신다.

11장

예수께서 입성을 준비하시다 (11:1-19)

¹예수께서 예루살렘에서 가까운 올리브산 인근 벳바게와 베다니에 이르자, 제자 둘을 보내며 ²다음과 같이 지시하셨다. "앞마을로 들어가거라. 들어가자마자 아무도 타지 않은 나귀 새끼가 줄에 묶여 있을 것이다. 그 나귀 새끼를 풀어 이리로 가져와라. ³누구든 너희에게 '왜 나귀를 가져가는 거요?' 하고 물으면 그저 '주께서 필요하시답니다. 곧 돌려보내겠습니다' 하고 말해라." ⁴그래서 그들이 가서, 길거리로 난 문 옆에 묶여 있는 나귀 새끼를 찾아 줄을 풀었다. ⁵옆에 있던 사람들이 "이 나귀 새끼를 풀어서 어쩌려고요?" 하고 말했다. ⁶그러나 제자들이 예수께서 시키신 대로 대답하자 그들은 제지하지 않았다. ⁷제자들이 나귀 새끼를 데려와 겉옷을 그 등에 덮자, 예수께서 그 위에 앉으셨다. ⁸수많은 사람이 예수께서 지

나가시는 길에 겉옷을 펼쳤고, 어떤 이들은 들에서 꺾은 골풀을 깔았다. ⁹예수를 앞서가는 이들과 뒤따르는 이들이 다 함께 소리쳤다. "하나님, 그를 구원하소서! 주의 이름으로 오는 이에게 복을 주소서! ¹⁰다가올 우리 조상 다윗의 나라에 복을 주소서! 하나님, 하늘에서 그를 구원하소서!" ¹¹예루살렘에 들어가신 예수께서 성전으로 가셔서 그 안에서 일어나는 일을 둘러보셨다. 그러고 나서, 이미 날이 저물었으므로 열두 제자와 함께 베다니로 나가셨다. ¹²이튿날 그들이 베다니를 떠날 때 예수께서 배가 고프셨다. ¹³예수께서 저 멀리 잎이 무성한 무화과나무를 보시고 열매가 있는지 보려고 다가가셨다. 그러나 아직 무화과 철이 아니었기 때문에 잎만 무성하고 아무것도 없었다. ¹⁴예수께서 나무를 향해 말씀하셨다. "영원토록 누구도 네 열매를 먹을 수 없을 것이다!" 제자들이 그 말씀을 들었다. ¹⁵그들은 예루살렘으로 들어갔고, 예수께서는 성전 안으로 들어가셔서 그곳에서 사고파는 이들을 몰아내셨다. 돈 바꾸는 이들의 탁자와 비둘기 파는 이들의 의자를 뒤집어엎으시고, ¹⁶물 항아리 같은 것을 운반할 때 누구도 성전을 가로지르는 것을 허용하지 않으셨다. ¹⁷그러고는 그들을 가르치셨다. "성경에 이렇게 쓰여 있다. '내 집은 모든 민족을 위해 기도하는 집이라 불릴 것이다.' 그런데 너희는 이 집을 도둑 소굴로 바꿔버렸다!" ¹⁸대제사장들과 율법학자들은 예수의 말씀을 듣

> 고 그를 없앨 방도를 찾았다. 그러나 그들은 사실 예수가 두려
> 웠다. 그의 가르침이 사람들의 관심을 끌었기 때문이다. [19]저
> 녁이 되면 매번 예수와 제자들은 성을 떠났다.

벳바게가 어디를 말하는지 정확하게 구분할 수 없지만, 베다니는 예루살렘에서 2마일 이내에 있는 올리브산 기슭에 있는 마을이었다. 우리는 이 마을에서 나병 환자였던 시몬, 그리고 마르다, 마리아, 나사로도 살았던 것을 기억한다. 예수님은 예루살렘을 방문하면서 이곳을 휴식처로 사용하신 것으로 보인다.

이제 우리는 예수님이 미리 준비해 두신 일련의 계획 속으로 들어가는 듯하다. 예수님이 그 나귀 새끼가 어디에 있을지, 그리고 그 주인이 빌려주리라는 것을 아셨다는 사실을 굳이 기적의 사건으로 볼 필요는 없다. 나귀 새끼가 필요했던 이유는 스가랴 9:9의 예언을 이루기 위한 것이었고, 동시에 나귀를 타고 오심은 전쟁을 상징하는 말보다는 평화를 상징했기 때문이다. 유월절이 다가오자, 유대인들의 희망은 점차 차오르고 있었다. 즉, 그들의 메시아가 권능으로 오셔서 가증스러운 로마의 멍에로부터 자신들을 해방할 것이라는 열망이었다. 예수님은 사실 '그렇다, 너희의 메시아는 왔다. 그러나 그는 평화로 왔고 전쟁으로

오지 않았다'라고 말씀하신 것이다.

   그럼에도 불구하고, 사람들은 이를 승리의 행진으로 받아들였다. 감정적으로 폭발 직전의 군중은 자신들의 겉옷을 예수님이 가는 길 위에 펼쳐 놓거나, 가까운 들에서 베어낸 풀들과 나뭇가지들을 깔아 놓았다. 호산나는 문자적으로 '구원하소서'라는 뜻인데, 의미 있는 영어로 번역하기에는 다소 어려운 표현이다.

   진정한 메시아는 그들을 폭동으로 이끌지 않았다. 그는 로마 군대의 주둔지가 아닌 유대인들의 성전으로 갔다. 성전 바깥 뜰에서는 매매, 환전, 그리고 다른 금지된 일들이 버젓이 성행하고 있었다. 예수님은 이 모든 것을 둘러보시고 당장은 아무것도 하지 않으시고 열두 사도와 함께 베다니로 돌아가셨다.

   다음 날, 우리는 무화과나무의 저주라는 평범치 않은 사건을 만나게 된다. 문제의 무화과나무는 잎이 무성한 상태였으므로, 아직 익지 않았다 하더라도 어느 정도 열매는 있어야 했다. 아마도 예수님께 이 나무는 그분이 속해 있고 구원하러 오신 민족의 상태를 상징했을 것이다. 겉으로는 번성하는 종교의 모양이지만, 사실은 열매 없는 메마른 상태였다. 예수님 안에서 일어나는 끔찍할 정도의 좌절과 의분의 감정이 이 겉만 번지르르하고 실상은 가치 없는 무화과나무에 대한 공격으로 강하게 폭발한 것일 수도 있다. 우리는 예수님이 어떤 긴장 상태 아래에서 사셨는지, 그의 민족에 대한 소망이 얼마나 쓰라리고 실망스럽게 좌절되었는지 자주 잊곤 한다. 오직 마가만이 예수님이 무화과나무와 관련하여 좌절과 절망의 감정을 토로하는 것을 제자들이 들었다고 기록하고 있다.

이제 예수님이 행동에 나서신다. '모든 민족을 위한 기도'(사 56:7)의 장소가 되어야 할 성전은 심각하고 부정한 거래가 진행되는 시장통이 되어 있었다. 기도와 예배의 장소인 이곳은 순전히 편의를 위해 환전소로(성전세는 유대 돈으로 납부해야 했다), 비둘기를 비롯한 희생제물 판매를 위한 장소로, 그리고 물통과 다른 가정용품을 운반하는 지름길로 사용되었다. 이런 일은 유대인들이 성전 뜰의 본래 목적을 잊어버리고, 순전히 탐욕과 나태함으로 인해 이를 '도둑들의 소굴'이 되도록 방종했기 때문이다. 이 사건은 예수님의 분노가 기록된 몇 안 되는 경우 중 하나로, 그분은 단호하고도 분명하게 성전 뜰을 청결하게 하셨다. 당연히 대제사장들과 율법학자들은 이 폭력적인 행동에 대하여 들었지만, 그를 제거하고 싶어도 아직은 아무것도 할 수 없었다. 그의 가르침을 들은 많은 사람이 하나님의 진리를 분명하게 전하는 이 젊은 개혁자에게 마음을 빼앗겼기 때문이다. 아무런 제지도 받지 않은 채, 예수님은 성전에서 가르치신 후 저녁마다 베다니로 돌아가셨다.

예수께서 믿음, 기도, 용서에 대해 말씀하시다 (11:20-25)

> [20] 어느 날 아침, 그들은 길을 걷다가 뿌리째 말라버린 무화과나무를 보았다. [21] 베드로가 기억하고 말했다. "선생님, 보세요. 선생님이 저주하셨던 무화과나무가 말라 죽었습니다!" [22] 예수께서 그들에게 대답하셨다. "하나님을 믿어라. [23] 내가 너희에게 말한다. 누구든 이 산을 향해 '일어나 바다로 뛰어들어라' 하고 말하고, 마음에 어떤 의심도 없이 말한 대로 이루어질 것을 믿으면 그대로 될 것이다! [24] 그러므로 내가 너희에게 말한다. 너희가 무엇을 기도하고 구하든, 받은 줄로 믿으면 받을 것이다. [25] 너희가 서서 기도할 때, 마음에 원한이 있다면 상대를 용서해라. 그러면 하늘에 계신 너희 아버지께서도 너희 죄를 용서하실 것이다."

길가에 심긴 무화과나무는 이제 말라버렸다. 베드로는 예수님께서 전에 내린 저주의 결과라며 상기시켰다. 예수님의 대답은 크게 관련성이 없어 보일 수 있지만, 여기서 예수님은 하나님을 믿는 믿음의 엄청난 능력을 강조하고 계시는 것으로 보인다. 하나님을 의지하여 살아가는 사람은 가치 없는 무화과나무를 뽑아내는 것뿐만 아니라, 산을 바다로 던져 넣을 수도 있다. (이것은 예수님 시대에 자주 회자하는 비유였다. 특별한 영적 영향력을 가진 랍비들은 '산을 옮기는 사람들'로 묘사되었다.) 믿음으로 기도하면 그 능력에는 한계가 없다. 그러나 그런 기도는 마음속에 누구에게도 원망을 품지 않고 해야 한다. 그 누구도 이웃과 사랑과 화목 가운데 살지 않고서는 아버지 하나님과 진정으로 연합된 삶을 살 수 없다.

예수의 권위가 직접 도전받다 (11:27-33)

> ²⁷그들은 또다시 예루살렘에 갔다. 예수께서 성전에서 걷고 계실 때 대제사장들과 율법학자들과 장로들이 예수께 다가가서 ²⁸물었다. "당신은 무슨 권한으로 이런 일을 합니까? 누구 허락을 받았습니까?" ²⁹예수께서 대답하셨다. "나도 너희에게 하나 묻겠다. 너희가 대답하면 나도 무슨 권한으로 이런 일을 하는지 말하겠다. ³⁰요한의 세례가 하늘의 뜻이냐, 사람의 뜻이냐? 대답해 보아라." ³¹그들이 서로 언쟁했다. "하늘의 뜻이

> 라고 말하면, 그는 '그러면 너희는 왜 그를 믿지 않느냐?'라고 할 것이다. ³²하지만 사람의 뜻일 뿐이라고 말하면…." 그들은 요한을 진짜 예언자로 믿고 있는 사람들이 두려웠다. ³³그래서 그들은 대답했다. "모르겠습니다." 예수께서 대답하셨다. "그러면 나도 무슨 권한으로 이런 일을 하는지 너희에게 말할 수 없다."

예수님은 유월절에 여러 차례 예루살렘을 방문하셨다. 이번에는 제사장들, 율법학자들, 장로들이 함께 예수님께 질문한다. 그들은 성전 뜰에서 그분이 하신 일을 직접 보거나 들었기 때문에, 그렇게 행동하실 수 있는 권위가 무엇인지 묻는 것은 매우 자연스러운 일이었다. 예수님은 특유의 방식대로 질문으로 대답하셨다. 이것은 그저 말장난이 아니라 원래의 질문자가 그의 질문에 대한 답을 마음속에서 찾도록 한다. 예수님은 그들에게 요한의 세례에 대해 물으신다. 그들은 곤란한 상황에 빠졌다. 자신들은 요한을 선지자로 믿지 않았지만, 그렇다고 그것을 인정하자니 백성들이 모두 요한을 선지자로 여기고 있었기에 두려웠던 것이다. 그래서 그들은 입을 다물었고, 따라서 대답을 들을 자격도 없었다.

12장

예수께서 뼈 있는 이야기를 하시다 (12:1-12)

¹그런 다음 예수께서 그들에게 비유로 말씀하셨다. "어떤 사람이 포도원을 세우고, 울타리를 치고, 포도즙 짜는 틀을 위한 구덩이를 파고, 망대를 세웠다. 그러고는 농부들에게 세를 주고 외국으로 떠났다. ²수확철이 되자 그는 자기 몫의 소출을 받기 위해 소작농들에게 종을 보냈다. ³그러나 그들은 종을 붙잡아 때린 다음 빈손으로 돌려보냈다. ⁴주인은 다시 종을 보냈다. 다른 종을 보냈지만 그들은 종의 머리를 때리고 모욕했다. ⁵또다시 다른 종을 보냈지만 그들은 그를 죽였다. 그는 수많은 종들을 보냈지만, 일부는 폭행을 당하고 일부는 목숨을 잃었다. ⁶주인에게 남은 이는 한 사람, 그가 아주 아끼는 아들뿐이었다. 그는 마지막으로 아들을 보내며 혼잣말을 했다. '분명히 내 아들 말은 듣겠지.' ⁷그러나 그들은 서로 말했다. '이 녀석

> 은 장차 주인이 될 거야. 그러니, 그를 죽이자. 그러면 재산은 다 우리 것이다!' [8]그래서 그들은 그를 붙잡아 죽이고 시신을 포도원 밖으로 던져버렸다. [9]포도원 주인이 어떻게 할 것 같으냐? 그는 돌아가서 포도원에서 일하던 사람들을 다 죽이고 포도원을 다른 사람들에게 맡길 것이다. [10]너희는 성경에서 이런 말씀을 읽지 못했느냐? '건축자들이 버린 돌, 그 돌이 모퉁이의 머릿돌이 되었다. [11]이는 주께서 하신 일이요, 우리 눈에 얼마나 경탄할 만한 일인가!'" [12]그들은 이 말씀을 듣고는 예수를 붙잡고 싶은 마음이 더욱 간절해졌다. 이 비유가 자신들을 겨냥한 줄 아주 잘 알았기 때문이다. 그러나 그들은 백성이 두려웠다. 그래서 예수를 내버려 두고 떠났다.

이 비유는 명확하다. 하나님은 포도밭을 준비하기 위해 모든 것을 다 하셨다. 포도밭에 울타리, 망대, 그리고 포도주 틀까지 마련해주셨다. 그분은 수확기가 되면 종들을 보내서 수확물을 거두게 하셨지만, 그들은 학대당하거나 살해당했다. 마침내, 주인은 자기 아들을 보내기로 한다. 최소한 그들이 그를 존중하고 포도밭의 열매를 넘겨주리라 기대했다. 그러나 그들은 그를 살해하여 포도밭의 생산물을 자신들의 소유로 삼았다. 그러면 포도밭의 주인이 와서 악한 종들을 멸하고, 그 포도밭을 정직하게 경작하며 일할 수 있는 다른 사람들에게 맡기는 것이 당연하지 않겠는가! 이것은 하나님께서 자신의 포도밭, 즉 그의 택한 사람들을 세우기 위해 하신 일을 그대로 보여주는 투명한 비유이다. 그러나 그들은 부끄러운 행동을 했고, 심지어 하나님의 아들까지 죽일 준비를 하고 있었다. 여기서 '돌'은 유대인들에게는 주춧돌로 이해되었을 것이다. 예수님은 사실상 유대인 지도자들에게 그들이 수 세기 동안 어떻게 하나님이 그들에게 보낸 예언자들을 학대하고 죽였는지, 심지어 지금은 어떻게 그의 아들을 죽이려고 준비하고 있는지 정확히 말하고 있다. 그러나 그들이 그토록 거부하는 '돌'은 하나님 집의 주춧돌이 될 것이다. 다시 한번, 그들이 예수님께 그때까지 폭력을 행사하지 않았던 유일한 이유는 오직 대중에 대한 그들의 두려움뿐이었다.

시험하는 질문 (12:13-17)

> [13]그 후에 그들은 논쟁거리로 예수를 함정에 빠트리기 위해 바리새인 몇과 헤롯 당원 몇을 보냈다. [14]그들이 예수께 가서 말했다. "선생님은 정직한 분이고, 사람들 의견에 흔들리지 않습니다. 선생님은 분명 사람의 칭찬에 연연하지 않고, 하나님

> 의 도를 진리로 확신하고 가르치십니다. 자, 그러면 황제에게 공물을 바치는 것이 옳습니까, 옳지 않습니까? ¹⁵우리가 바쳐야 합니까, 바치지 말아야 합니까?" 그러나 예수께서는 그들의 위선을 간파하셨다. "어찌 나에게 이런 속임수를 쓰느냐? 동전 하나를 가져와 내게 보여라." ¹⁶그래서 그들은 동전을 가져왔다. 예수께서 물으셨다. "여기에 누구의 얼굴이 있으며 누구의 이름이 새겨져 있느냐?" 그들은 "황제입니다"라고 대답했다. ¹⁷예수께서 말씀하셨다. "그러면 황제의 것은 황제에게 바치고 하나님의 것은 하나님께 드려라!" 그들은 그 대답을 듣고 깜짝 놀랐다.

다시 한번, 헤롯 당원들과 바리새인들이 예수님에 대한 적대감을 공유하며 이상한 동맹을 맺는다. 로마 세금은 로마 동전으로 납부해야 했는데, 예수님의 적들은 그분이 이방인 권세자에게 세금을 내는 것이 잘못되었다고 말하기를 바라고 있었다. 하지만 예수님은 로마 황제, 이 경우에는 티베리우스의 초상이 새겨진 동전을 가져오게 하신다. 예수님은 세속 권세가 제공하는 것에 대해 세금을 내는 것에는 문제가 없다고 보셨다. 그러나 그보다 더 중요한 것을 상기시켜 주셨다. 곧, 하나님의 형상을 지닌 사람은 자신을 하나님에게 드려야 한다는 것이다. 이러한 답변은 당연히 그들을 '당황하게' 하였다. 왜냐하면 그들은 예수님이 논란의 빌미가 될 만한 답변을 할 것을 기대하고 있었기 때문이다.

예수께서 사두개인의 무지를 드러내시다 (12:18-27)

[18][부활이 없다고 주장하는 당파인] 사두개인 몇이 예수께 이런 질문을 했다. [19]"선생님, 모세는 만약 어떤 사람의 형이 죽어 그 부인이 홀로 되었는데 자식이 없으면, 그 사람이 형수와 결혼하여 형을 위해 자식을 키워야 한다고 가르쳤습니다. [20]여기 일곱 형제가 있었는데, 첫째가 결혼하여 자식을 낳지 못하고 죽었습니다. [21]그런 다음 그 여인과 결혼한 둘째도 자식을 남기지 못하고 죽었습니다. 셋째도 마찬가지고. [22]실로 일곱 형제 모두 자식을 전혀 남기지 못하고 죽었습니다. 결국 그 여인도 죽었습니다. [23]그러면 '부활' 때 곧 남자들이 다시 살아났을 때, 그 여인은 누구의 아내가 됩니까? 그 여인이 일곱 형제 모두의 아내였으니 말입니다." [24]예수께서 대답하셨다. "그 질문에서 너희가 어디에서 잘못되었는지, 또 얼마나 성경과 하나님의 능력을 이해하지 못하는지 드러나지 않느냐? [25]사람들은 죽었다가 살아나면 장가도 가지 않고 시집도 가지 않는

> 다. 그들은 하늘에서 천사처럼 산다. ²⁶그러나 죽은 자가 살아나는 문제에 관해, 너희는 모세의 책에 나오는 떨기나무 대목에서 하나님이 '나는 아브라함의 하나님이며, 이삭의 하나님이며 야곱의 하나님이다'라고 말씀하신 부분을 읽지 못했느냐? ²⁷하나님은 죽은 자의 하나님이 아니라 살아 있는 이들의 하나님이다! 너희는 이 부분에서 큰 실수를 범하고 있다."

부활을 믿지 않는 사두개인들이 예수님께 꼼수 섞인 질문을 던지는 것은 아이러니하다. 죽음 이후의 삶이 없다면, 그들이 상상하는 그런 상황은 절대로 일어날 수 없는 일이다.

예수님은 그들의 논리와 전제를 바탕으로 답하셨다. 그들은 자신들의 성경에 대한 지식을 따라 하나님이 누구시며 또 어떻게 일하시는지 잘 알고 있다고 자부했다. 먼저 예수님은 일반적인 죽음 이후의 삶은 완전히 다른 차원의 것이며, 인간은 '하늘에서 천사들처럼 산다'고 말씀하신다. 하지만 그들이 범하는 두 번째이자 더 중요한 오류는 하나님을 과거의 하나님으로 생각하는 것이다. 불타는 가시덤불의 사건에서 하나님은 모세에게 '나는…이다'(I am)라고 말씀하셨다. '나는 아브라함의 하나님이었고(I was), 이삭의 하나님이었고, 야곱의 하나님이었다'라고 하시지 않았다. 하나님의 실제 세계에는 과거가 없고, 오직 영원한 현재만이 존재한다. 사두개인들이 성경을 그렇게 철저히 연구했다면 이 사실을 당연히 알았어야 했다.

가장 중요한 계명 (12:28-34)

28그때 한 율법학자가 예수께 다가왔다. 토론을 계속 듣고 있던 그는 예수의 대답이 빼어남을 보고는 이렇게 물었다. "어떤 계명을 가장 중요하게 여겨야 합니까?" 29예수께서 대답하셨다. "으뜸으로 중요한 계명은 이것이다. '오, 이스라엘아, 들으라. 주 우리 하나님은 한 분이시다. 30그러므로 네 마음을 다하고, 네 혼을 다하고, 네 지성을 다하고, 네 힘을 다하여 주 너의 하나님을 사랑해라.' 31둘째는 이것이다. '너 자신을 사랑하듯 네 이웃을 사랑해라.' 이보다 더 중요한 계명은 없다." 32율법학자가 대답했다. "훌륭한 답변입니다, 선생님. 하나님은 한 분이시고 그분 외에 다른 하나님은 없다고 하신 선생님의 말씀은 전적으로 옳습니다. 33그리고 마음을 다하고 지성을 다하고 힘을 다하여 그분을 사랑하는 것과, 자신을 사랑하듯 이웃을 사랑하는 것은 모든 번제와 희생 제사보다 훨씬 더 중요합니다." 34예수께서 그의 지혜로운 대답을 듣고 말씀하셨다.

"그대는 하나님 나라에서 멀리 있지 않다!" 이 일 후에 누구도 예수께 더 이상 질문할 엄두를 못 냈다.

이제 예수님께 다가온 이 율법학자는 진정한 종교의 진리와 매우 가까워지고 있다. 그는 하나님을 온전히 사랑하고 이웃을 자신처럼 사랑하는 것이 어떤 번제나 희생 제사보다 훨씬 더 중요하다는 것을 깨달았다. 그는 문제의 핵심에 가까워지기 시작했고, 예수님은 그가 하나님의 나라에서 멀지 않다고 말씀한다. 불필요한 것들, 그리고 오히려 참된 예배를 대신할 수도 있는 형식들을 과감히 버리는 이 가르침은 당시의 청중들에게 놀라움으로 다가왔을 것이다. 왜냐하면, 그들은 평상시 무수히 많은 규칙과 규정에 얽매여 살았었기 때문이다. 예수님이 그들에게 이처럼 놀라운 대답을 하시자, 그들은 더 이상 질문할 것이 없었다.

예수께서 율법학자들의 가르침과 행동을 비판하시다 (12:35-44)

^{35}그 후에 예수께서 성전에서 가르치며 이렇게 말씀하셨다.

"율법학자들은 그리스도가 다윗의 자손이라고 주장하는데, 어떻게 그럴 수 있겠느냐? ³⁶다윗이 성령의 감동을 받아 이렇게 말했는데 말이다. '주께서 내 주께 말씀하셨다. 내가 네 원수들을 네 발의 발 받침으로 만들 때까지 너는 내 오른편에 앉아 있어라.' ³⁷다윗이 그리스도를 '주'라 부르는데, 어떻게 그가 다윗의 자손이란 말인가?" 큰 무리가 이 말씀을 아주 기쁘게 들었다. ³⁸예수께서 이어서 말씀하셨다. "율법학자들을 조심하여라. 그들은 치렁치렁한 옷을 입고 돌아다니고, 사람들에게 존경의 인사를 받는 것과 ³⁹회당의 앞자리와 연회의 상석을 좋아한다! ⁴⁰이들은 과부의 재산으로 배를 불리고, 장황한 기도로 자신들이 하는 일을 숨긴다. 그러나 그들이 받을 혹독한 처벌이 가중될 뿐이다!" ⁴¹예수께서 성전 헌금함 맞은편에 앉아 사람들이 헌금하는 것을 지켜보셨다. 거금을 헌금하는 부자들이 아주 많았다. ⁴²그런데 가난한 과부가 나타나 작은 동전 두 개를 넣었다. 천 원쯤 되는 돈이었다. ⁴³예수께서 제자들을 곁으로 불러서 말씀하셨다. "장담하건대, 이 가난한 과부가 누구보다 헌금을 많이 했다. ⁴⁴그들은 여윳돈을 넣었지만, 궁핍하고 가난한 이 여인은 생활비 전부를 드렸다!"

이제 예수님은 질문으로 인해 중단되었던 가르침을 다시 이어가시며, 율법학자들이 대답할 수 없는 질문 하나를 던지신다. 당시에는 메시아가 다윗의 혈통에서 나올 것이라고 보편적으로 알려져 있었다. 그런데 어떻게 성령에 감동된 다윗이 시편 110:1에서 자신의 후손을 '주'라고 부를 수 있느냐고 예수님이 물으신다. 율법학자들과 바리새인들은 메시아가 인간이리라는 것을 인정할 준비가 되어 있지 않았지만, 어떤 의미에서는 초인적인 존재일 거로 생각했다. 그러나 그들은 또한 그가 다윗의 후손이 될 것이라고 강조하여 가르쳤다. 사실상 예수님은 다윗의 후손이 그들 앞에 있지만 그들이 알아보지 못하고 있다고 말씀하신 것이다. 그러나 다윗이 메시아를 예언하면서 그를 자신의 후손이자 '주'라고 말한 것은 널리 받아들여진 사실이다. 대중들은 이 말을 기꺼이 들었다. 이는 부분적으로는 율법학자들이 예수님에 대해 적대적인 태도를 보였기 때문이고, 부분적으로는 예수님이 그들에게 메시아가 평범한 인간으로 오심을 확신시켜 주었기 때문이다.

이제 예수님은 율법학자들의 과시, 야망, 탐욕에 대해 경고하신다. 율법에 따라 율법학자들은 과부들의 재산을 관리했지만, 예수님은 그들이 동시에 자신들의 주머니를 채우고 있다고 직접적으로 비난하신다. 이러한 행동을 길고 장황한 기도로 덮으려는 그들의 위선은 결코 그들의 죄를 경감시키지 않는다. 오히려 이런 위선은 그들의 죄를 더욱 드러낸다.

'헌금함'은 실제로는 크고 작은 헌물을 넣을 수 있는 나팔 모양의 그릇이었다. 많은 사람이 상당한 금액을 성전에 헌금했고, 의심할 바 없이 자신들이 그것으로 인해 더 의로워졌다고 생각했을 것이다. 그런데 예수님의 눈이 그 가난한 과부에게 멈추어 있었다. 예수님은 겉으로는 매우 적은 헌금을 한 것처럼 보이는 그녀가 모든 사람보다 더 많이 헌금하였다고 단호하게 선언하셨다. 예수님은 가난한 여인이 자신의 모든 재산을 드린 헌신과 부자들의 과시적인 헌금를 대조하고 계신 듯하다.

13장

예수께서 성전 붕괴를 예언하시다 (13:1-11)

[1]예수께서 성전을 떠나실 때 한 제자가 말씀하셨다. "보십시오, 선생님. 얼마나 멋진 석조물입니까! 이 건물들 크기 좀 보세요!" [2]예수께서 대답하셨다. "이 큰 건물들이 보이니? 제자리에 쌓인 돌 하나 없이 다 무너질 것이다!" [3]예수께서 올리브산 기슭에 앉아 성전을 마주 보고 계실 때 베드로와 야고보와 요한과 안드레가 따로 예수께 물었다. [4]"말씀해주십시오. 이런 일들이 언제 일어납니까? 이 모든 일이 끝난다는 징조는 무엇입니까?" [5]예수께서 말씀하셨다. "누구에게도 속지 않도록 특별히 조심해라. [6]많은 이들이 내 이름으로 나타나 '내가 그다'라고 말하며 수많은 사람을 잘못된 방향으로 이끌 것이다. [7]전쟁의 소식과 풍문을 듣더라도 놀라지 마라. 그런 일들이 일어나야 하지만 아직 끝은 아니다. [8]민족과 민족이, 나라와 나라

> 가 맞서 싸울 것이다. 여러 곳에서 지진이 일어나고 기근도 닥칠 것이다. 그러나 이것은 고통의 시작일 뿐이다. ⁹정신을 차리고 있어라. 사람들이 너희를 공의회에 넘겨 회당에서 매질을 할 것이다. 너희는 나 때문에 통치자와 왕 앞에 서서 증언을 해야 할 것이다. ¹⁰끝이 오기 전에 온 민족이 기쁜 소식을 들어야 하기 때문이다. ¹¹그러나 그들이 너희를 법정으로 끌고 갈 때 무슨 말을 할지 미리 염려하지 마라. 때가 될 때 그저 너희에게 주시는 말을 해라. 말하는 이는 사실 너희가 아니라 성령이기 때문이다.

헤롯 성전은 분명히 화려하고 웅장한 건물이었지만, 제자들이 왜 이 시점에 그 화려함을 예수님께 보여주려 했는지는 알 수 없다. 하지만 예수님은 전혀 감동하지 않으셨다. 그것이 예언적 통찰 때문이었는지, 아니면 유대인 지도자들로부터 배척당함이 재앙으로 이어질 것을 알고 계셨기 때문인지, 혹은 이런 종류의 웅장함은 그분이 추구하던 것이 아니었기 때문인지는 알 수 없다. 분명한 것은 예수님의 예언이 성취되었다는 것이다. 대략 40년 후에 예루살렘은 돌무더기에 불과하게 되었다.

열두 제자 중 처음 부르심을 받은 네 제자가 이런 끔찍한 일들이 언제 일어날 것인지, 그리고 그 재앙의 시작을 알리는 어떤 징조가 나타날 것인지 물었다. 예수님은 예언자들의 어투로 응답하셨다. 그는 재앙, 박해, 고통, 죽음을 예견하시지만, 예언자들처럼 그 일이 정확히 언제 일어날지에 대한 구체적인 시간은 밝히지 않으셨다.

예수께서 극심한 고난을 예언하시다 (13:12-20)

[12]형제가 형제를, 아비가 자녀를 배신하고 죽일 것이다. 자녀가 부모를 대적하고 사형을 요구할 것이다. [13]훗날 너희는 나를 따른다는 이유로 온 세상의 미움을 받을 것이다. 그러나 끝까지 견디는 사람은 구원을 받는다. [14]그러나 '거룩한 곳을 황폐하게 하는 혐오스러운 물건'이 있어서는 안 될 곳에 있는 것을 보면[읽는 이들은 다음에 주목해야 한다], 유대에 있는 이들은 산으로 가거라! [15]지붕에 있는 사람은 내려가지도 말고, 무언가를 가지러 집 안으로 들어가지도 마라. [16]밭에 있는 사람은 겉옷을 가지러 되돌아가지 마라. [17]그때 임신한 여인들이 가엾구나! 젖먹이가 있는 여인들이 가엾구나! [18]그런 일이 겨울에 일어나지 않게 기도해라. [19]하나님의 창조 때부터 지금까지 없었던, 또한 다시는 없을 극심한 고난이 닥치기 때문이다. [20]실제로 주께서 그 시기를 줄여주시지 않으면, 누구도

> 살아남지 못할 것이다. 그러나 주께서 택하신 이들을 위하여 그 시기를 줄여주실 것이다.

분명히, 주후 70년 성전이 파괴 때까지 전쟁과 전쟁의 소문은 점점 더 많아졌다. 마찬가지로 거짓 선지자들도 수두룩하게 등장했다. 가족 간에도 끔찍한 박해와 배신이 일어났다. '거룩한 곳을 황폐하게 하는 혐오스러운 물건'은 성전의 성소에 아마도 로마의 깃발과 독수리 조각을 세워 놓는 것을 의미했을 수도 있다. 혹은 정복자 안티오쿠스 에피파네스의 만행을 가리킬 수도 있다. 그는 이방의 제단을 유대인의 번제단 위에 세웠다. '읽는 이들은 다음에 주목해야 한다'라는 말에는 특정하고 혐오스러운 것이 유대 성전을 모독할 것이라는 암시가 들어 있다. 괄호 안의 이 몇 마디는 마가 본인이나 혹은 이후의 어떤 편집자가 삽입했을 것이다.

예수께서 거짓 그리스도를 조심하라고 경고하시다 (13:21-37)

> ²¹그때 누군가가 너희에게 '보아라, 그리스도가 여기 있다'거

나, '보아라, 그리스도가 저기 있다'고 말해도 믿지 마라! ²²거짓 그리스도들과 거짓 예언자들이 일어나 표징과 기적을 일으키며, 할 수만 있다면 하나님이 택하신 사람들까지 속이려 할 것이다. ²³너희는 바짝 정신을 차려라! 나는 이 모든 일이 일어나기 전에 미리 경고한다. ²⁴그러나 그때 그 고난이 지나가면, 해의 빛이 어두워지고 달이 빛을 비추지 못하고, ²⁵별들이 하늘에서 떨어지고 하늘에서 힘을 발하던 것들이 그 기초부터 흔들릴 것이다. ²⁶그때 사람들은 인자가 권세를 잡고 영광스럽게 구름 속에서 나타나는 것을 볼 것이다. ²⁷그런 다음 인자가 천사들을 보내어 가장 먼 땅에서 가장 높은 하늘까지 사방에서 택한 이들을 모두 모을 것이다. ²⁸무화과나무의 실례를 보아라. 그 가지가 부드러워지고 잎이 나면 너희는 여름이 가까움을 안다. ²⁹그러므로 너희도 이런 일들이 일어나는 것을 보면 인자가 가까이에, 바로 문 앞에 있는 줄 알아야 한다! ³⁰내가 너희에게 말한다. 이 세대가 끝나기 전에 이 모든 일이 이루어질 것이다. ³¹땅과 하늘은 없어지지만 내가 너희에게 한 말은 절대 없어지지 않는다! ³²그러나 이런 일들이 일어날 날이나 시는 아무도 모른다. 하늘의 천사들도 모르고, 아들도 모르고, 오직 아버지만 아신다. ³³정신을 차려라. 경계를 게을리 하지 마라. 너희는 그때가 언제일지 모르기 때문이다. ³⁴그것은 마치 해외여행을 가는 사람이 종들에게 집 관리를 맡기는

> 것과 같다. 그는 각자에게 할 일을 주고 문지기에게 경계를 게을리하지 말라고 명령한다. ³⁵이처럼 너희도 계속 경계를 게을리하지 마라. 너희의 집주인이 언제 올지 모르기 때문이다. 집주인이 저녁 늦게 나타날지, 한밤중이나 새벽 혹은 이른 아침에 도착할지 알 수 없다. ³⁶경계를 게을리하면 너희가 깊이 잠들어 있을 때 갑자기 나타날 것이다. ³⁷내가 너희에게 하는 말은 모든 사람에게 하는 말이다. 경계를 게을리하지 마라!"

전반적인 묘사는 유대 예언서의 상징적 표현이다. 즉, 해가 어둡게 변하고, 달이 빛을 발하지 않으며, 별들이 그 빛을 멈춘다. '구름을 타고 오시는 인자'의 이미지는 분명히 다니엘의 환상(단 7:13)에서 직접 인용한 것이며, 잔인하고 더러운 이 세상 제국의 한 가운데로 하나님의 나라가 임하는 것을 예언한다.

이러한 예수님의 말씀들을 제대로 이해하는 것은 매우 어렵다. 이 말씀들을 모두 같은 시간에 하신 것인지도 확실하지 않고, 또한 그것들을 얼마나 비유적 언어로 받아들여야 하는지도 알 수 없다. 우리가 확실히 알 수 있는 것은 예수님이 제자들에게 거짓 그리스도들에게 속지 말고 예수님에 대하여 굳건한 믿음을 지키라고 경고하고 계신다는 것이다. 종말은 '인간의 역사'에 대한 하나님의 직접적인 개입이다. 비록 아들이신 자신이 이 지구상에서 인간 삶의 최종적 완성의 날과 시간을 알지 못하더라도, 예수님은 그분의 말씀이 영원히 참되다는 것을 강조하신다. 이것은 오직 아버지만이 알고 계시다. 따라서 다소 복잡한 이 예수님의 예언은 예루살렘의 멸망으로만 끝나는 것이 아니라, 세상 끝날까지 그분의 제자들이 겪게 될 고난과 박해의 그림으로 보아야 한다.

우리는 궁극적으로 인간의 완전성을 가정하는 시대에 살고 있지만, 신약성경을 아무리 찾아봐도 그런 개념은 찾아볼 수 없다. 하나님의 나라가 온 세상에 퍼져 나갈 것은 진리이지만, 예수님이나 바울의 예언을 정말 믿는다면, 이 시대의 종말은 하나님의 영원한 생명이 인간의 시간과 공간 안으로 관통하여 들어오는 것이다. 이것은 백만 년 후일 수 있고 바로 내일일 수도 있다. 예수님과 바울이 당시에 분명하게 강조했던 것은 인간 역사의 종말은 인간의 생각으로 알 수 없고 예측할 수도 없는 하나님의 행동에 달려 있다는 것이다. 우리의 임무는 늘 깨어서 흔들림 없이 굳세게 서 있는 것이다.

14장

사랑의 행위 (14:1-9)

¹유월절과 무교절이 2일 앞으로 다가왔다. 대제사장들과 율법학자들은 예수를 수중에 넣어 처형할 계략을 짜냈다. ²그들은 말했다. "하지만 명절 기간에는 안 됩니다. 아마 폭동이 일어날 겁니다." ³예수께서 베다니에 사는 나병 환자 시몬의 집에 계셨다. 예수께서 식탁에 앉아 계실 때 한 여인이 아주 값비싼 감송향 향유가 든 옥합을 가지고 다가왔다. 여인은 옥합의 목 부분을 깨뜨려 예수의 머리에 그 향유를 부었다. ⁴그곳에 있던 몇 사람이 심히 분개하며 불평했다. "무슨 생각으로 이렇게 쏟아버린 것이요? ⁵팔면 1년 치 품삯 이상은 받아 가난한 이들에게 줄 수 있을 텐데!" 사람들은 그 여인에게 분노하며 구시렁거렸다. ⁶그러나 예수께서 말씀하셨다. "이 여인을 그냥 두어라. 어째서 이 여인을 불편하게 하느냐? 이 여인은 내게 소

중한 일을 했다. ⁷가난한 이들은 항상 너희와 함께 있고, 너희가 돕고 싶을 때 언제든 도울 수 있다. 하지만, 나는 너희와 항상 함께 있지 못한다. ⁸이 여인은 자기가 할 수 있는 일을 다 했다. 내 장례를 준비하여 내 몸에 기름을 부었으니 말이다. ⁹너희에게 분명히 말한다. 세상 어디든 기쁜 소식이 전해지는 곳이면, 나를 추모한 이 여인의 행동도 같이 전해질 것이다."

유월절은 성전에서 양을 잡아서 그것을 가족들과 함께 먹는 명절 의식이었고, 이어서 바로 무교절이 따라온다. 유대인들은 묵은 누룩을 과거의 죄를 상징하는 것으로 여기고, 먼저 모든 묵은 누룩을 제거한 뒤 며칠간 무교병을 먹었다. 제법 긴 이 명절은 유대인들이 애굽에서 탈출했던 사건을 해마다 상기시키는 행사였다(출 12장, 민 9장 참조). 무교병은 그들이 이집트에서 나오는 것을 기념하여, 1주일 동안 발효되지 않은 빵을 먹도록 명령받았던 때를 기억하게 하기 위한 것이었다(출 23:15, 레 23:6 참조). 마가는 유월절 양을 죽이는 일에 대하여는 언급하지 않았지만, 유월절 저녁 식사를 완벽하게 차리기 위해서는 상당히 복잡하고 신중한 준비가 필요했다.

유월절 만찬을 위해 이동하기 전에, 마태, 마가, 누가는 이름을 알 수 없는 어느 한 여인의 이야기를 다루고 있다.

그녀는 매우 값비싼 향유를 담은 옥합을 깨뜨려 그 내용물을 예수님의 머리 위에 부었다. 우리는 이런 일이 일어난 이유를 알 수 없고, 아마도 제자들의 이의 제기에 공감할 수도 있을 것 같다. 아마도 어떤 직관적인 감각을 통해 이 여인은 예수님이 죽게 될 것을 감지하고, 장례 의식의 표현으로 예수님의 몸에 기름을 바르려고 했을 것이다. 예수님은 의도된 이 사랑의 마음을 그대로 받아들이셨고, 그녀의 아름다운 행동이 세속적인 생각으로 인해 훼손되는 것을 허용하지 않으셨다.

유다가 자진해서 예수를 배반하다 (14:10-11)

> ¹⁰열두 제자 가운데 하나인 가룟 유다가 예수를 팔아넘길 작정으로 대제사장들에게 갔다. ¹¹그들은 가룟 유다가 하는 말을 듣고 쾌재를 부르며 그에게 돈을 주기로 약속했다. 그래서 유다는 예수를 배반할 적당한 기회를 노렸다.

여인의 이 헌신적인 행동이 유다를 배신의 길로 첫걸음을 내딛게 했는지는 정확히 알 수 없다. 아마도 유다는 마침내 예수님이 그가 기대했던 정치적 메시아가 아니라는 것을 깨달았는지도 모른다.

유월절 만찬을 준비하다 (14:12-16)

> ¹²무교절 첫날, 유월절 희생 제물을 드리는 날에 제자들이 예수께 물었다. "우리가 어디로 가서 선생님의 유월절 식사를 준비하면 좋겠습니까?" ¹³예수께서 제자 둘을 보내시며 이렇게 지시하셨다. "시내로 들어가면 물 항아리를 나르는 사람을 만날 것이다. 그를 따라가서 ¹⁴그가 들어가는 집의 주인에게 '선생님께서 제자들과 유월절 식사를 할 방이 어디 있냐고 하십니다' 하고 말하거라. ¹⁵그러면 그가 너희에게 위층에 준비한 큰 방을 보여줄 것이다. 그곳에서 준비해라." ¹⁶시내로 들어간 두 제자는 예수께서 말씀하신 대로 방을 찾아서 유월절을 준비했다.

이미 예수님은 유월절 만찬을 위한 장소와 시간을 정해 놓으신 것으로 보인다. 아마도 물동이를 든 남자도 그의 계획 가운데 있었을 것이다. 보통 물 항아리를 운반하는 일은 여자나 노예의 일이었기 때문에 그 남자의 모습은 이상하게 보였을 것이다. 식사 준비에는 13명이 비스듬히 기대어 앉을 수 있는 자리를 마련하는 준비가 필요했다. (당시 유대인들은 식사를 위해 앉지 않았다). 또한, 의식에 사용되는 희생 제물, 무교병, 포도주, 물, 그리고 쓴 나물을 준비해야 했다. 이것은 그저 추측에 불과하지만, 마가의 어머니인 마리아의 집에서 유월절 만찬을 위한 방을 제공했을지도 모른다는 생각은 매우 흥미롭다. 우리는 그녀가 예루살렘 혹은 그 근처에 살았고, 어느 정도의 재력이 있었으며, 그녀의 집이 초대 그리스도인들의 모임 장소로 사용되었다는 것을 알고 있다(행 12:12). 그녀가 만찬 준비를 담당했었다면, 그때 아마도 아직 청소년이었을 아들 마가에게 물동이를 가져오게 하는 것은 더 자연스러울 일일 것이다.

함께하는 최후의 만찬, 신비로운 빵과 포도주 (14:17-28)

17저녁 늦게 예수께서 열두 제자와 함께 도착하셨다. 18그들이 앉아서 식사를 하는 도중에 예수께서 말씀하셨다. "장담하건대, 너희 가운데 하나가, 지금 나와 함께 먹고 있는 누군가가 나를 배반할 것이다." 19제자들은 심히 고뇌하며 차례차례 예수께 말했다. "설마 저는 아니지요?" 20예수께서 말씀하셨다. "그는 너희 열둘 중의 하나로, 나와 같은 접시에 손을 넣고 있

> 는 사람이다. ²¹인자는 정녕 성경에서 예언한 길을 따르는 것이지만, 나를 배반할 그는 참으로 가엾구나! 그 사람은 태어나지 않았더라면 더 좋았을 텐데." ²²그들이 여전히 식사하고 있을 때, 예수께서 빵 한 조각을 들고 축복하시고 떼어서 제자들에게 주며 말씀하셨다. "이것을 받아라. 이것은 내 몸이다." ²³그런 다음 잔을 들고 하나님께 감사 기도를 드리고 그들에게 주시자, 그들이 모두 마셨다. ²⁴예수께서 말씀하셨다. "이는 많은 사람을 위해 흘리는 내 피, 새 언약의 피다. ²⁵내가 진실로 너희에게 말한다. 나는 하나님 나라에서 신선한 포도주를 마시는 날이 올 때까지 더 이상 포도주를 마시지 않겠다!" ²⁶그들은 찬송을 부르며 올리브산으로 갔다. ²⁷예수께서 말씀하셨다. "성경에 기록된 대로 너희들 모두 믿음을 잃고 나를 버릴 것이다. '내가 목자를 칠 것이고, 그러면 양들이 사방으로 흩어질 것이다.' ²⁸그러나 나는 살아난 후에 너희보다 먼저 갈릴리로 갈 것이다!"

우리는 예수님이 일반적인 유대인의 관습을 준수했을 것이라고 추정할 수 있다. 그러므로, 예수님을 배신할 사람이 자신과 함께 그릇에 손을 넣고 있다는 말씀은, 단지 그 사람이 함께 식사하는 작은 가족 구성원의 한 명이라는 의미일 뿐이었을 것이다. 분명 제자들은 구약성경에서 이미 예언한 대로 자신이 죽음을 맞이할 것이라는 예수님의 말씀에 지금까지 그랬던 것처럼 당혹스러워했을 것이다. 또한, 예수님이 배신자로 밝혀질 사람에 대해 엄청난 정죄의 말씀을 하는 것도 분명히 이해하기 어려웠을 것이다.

유월절 의식은 길고 복잡했다. 우리는 예수님이 언제 빵을 들고 그것이 '자신의 몸'이라고 말씀하셨는지, 또는 제자들에게 포도주잔을 주시며 '자신의 피'라고 말씀하신 시점이 언제인지 정확히 알 수 없다. 하지만 그들은 이제 예수님이 비유로 말씀하는 것에 익숙해져 있었고, 그들에게 가장 충격이었던 것은 그 말씀이 하나님과 인간 사이의 새언약의 문제를 말하고 있다는 것이었다. 이제부터는 희생양을 먹거나 포도주를 마시는 것이 아니라, 예수님이 인간을 하나님과 화해시키기 위해 성례의 형태로 자기 자신을 직접 내어주시는 것이 중요한 문제였다. 예수님은 "하나님 나라에서 신선한 포도주를 마시는 날이 올 때까지 더 이상 포도주를 마시지 않겠다"라고 강조하신다. 이는 이것이 확실히 그분의 지상에서의 마지막 유월절이며, 모든 것이 새롭게 바뀌어 더 좋은 향연에 참여할 때까지 다시는 포도주를 마시지 않을 것임을 의미한다. 그들이 불렀던 찬송은 아마도 우리가 시편 115-118장으로 알고 있는 찬송시였을 것이다.

그 이후, 그들은 동산으로 갔을 것이다. 유월절 명절에 모이는 사람들이 많았기 때문에 이런 장소는 개방되어 모든 순례자가 사용할 수 있도록 제공되었을 것이다. 겟세마네는 '기름 짜는 곳'이란 뜻으로, 예수님은 그곳으로 가는 도중에 스가랴 13:7을 대략 인용하면서 자신에게 닥칠 고난을 다시 예언하신다. 의심할 여지 없이 예수님은 부활하신 후에 갈릴리에서 제자들을 다시 만나실 것을 언급하고 계시지만, 제자들이 그것을 정확하게 이해하고 있지는 않았다.

베드로의 담대한 말과 예수의 대답 (14:29-31)

> 29베드로가 예수께 말했다. "모두 믿음을 잃을지라도 저는 절대 그러지 않을 것입니다." 30예수께서 대답하셨다. "베드로야, 장담하건대, 바로 오늘 밤 수탉이 두 번 울기 전에 네가 나를 세 번 부인할 거야." 31그러나 베드로는 격하게 다짐했다. "주님과 함께 죽을지라도 저는 절대 주님을 부인하지 않을 겁니다!" 그들 모두 한목소리로 다짐했다.

예수님이 계속해서 예언하시던 그 고난이 끝나면, 제자

들은 그들이 본래 왔었던 갈릴리의 지역으로 돌아갈 것이었다. 예수님은 그들이 배반하거나 공황 상태가 될 것이라고 이미 말씀하셨지만, 여기서는 그분의 가장 가까운 제자들에게 그들 모두가 마찬가지로 배신하게 될 것이라고 말씀하신다. 이것은 베드로에게 너무나도 힘든 상황으로 그는 이런 겁쟁이 같은 불충성의 가능성을 견딜 수가 없다. 그는 충성의 대가가 죽음이라 할지라도 예수님을 절대 부인하지 않을 것이라고 장담한다. 예수님께서 닭이 두 번 울기 전에 그가 세 번이나 부인할 것이라고 경고하시지만, 베드로는 격렬하게 항변한다. 제자들 모두가 그의 강렬한 충성심의 고백에 동참한다.

겟세마네에서의 마지막 필사적인 기도 (14:32-42)

> ³²예수께서 제자들과 겟세마네라는 곳에 이르러 이렇게 말씀하셨다. "내가 기도하는 동안 여기 앉아 있어라." ³³예수께서 베드로와 야고보와 요한을 데리고 가셨다. 그는 근심에 사로잡혀 심히 낙담하셨다. ³⁴예수께서 그들에게 말씀하셨다. "죽을 것 같은 슬픔으로 내 마음이 찢어진다. 여기서 기다리면서 지켜보고 있어라". ³⁵그러고는 앞으로 조금 더 가셔서 땅에 엎

드려, 가능하다면 그 시간이 지나가게 해달라고 기도하셨다. ³⁶예수께서 말씀하셨다. "사랑하는 아버지, 아버지께서는 모든 것을 하실 수 있습니다. 이 잔을 마시고 싶지 않습니다! 그러나 아버지께서 원하시는 대로 하겠습니다." ³⁷그런 다음 돌아오시니 제자들이 깊이 잠들어 있었다. 예수께서 베드로에게 말씀하셨다. "시몬아, 자고 있니? 단 한 시간도 깨어 있을 수 없겠니? ³⁸너희들 모두, 시험을 만나지 않도록 기도해라. 너희 마음은 그렇게 하고 싶지만 인간 본성이 약하구나." ³⁹그러고 나서 예수께서 다시 가서 똑같은 기도를 하시고, ⁴⁰다시 돌아오시니 제자들이 역시 잠들어 있었다. 그들은 눈도 뜨지 못했고, 무슨 말을 해야 할지도 몰랐다. ⁴¹예수께서 세 번째로 돌아오셨을 때 이렇게 말씀하셨다. "너희가 아직도 편히 자고 있니? 괜찮다. 때가 되었다. 이제 너희는 인자가 악인들의 손에 넘어가는 것을 볼 것이다! ⁴²일어나라. 가자! 봐라, 배신자가 왔다!"

그들이 겟세마네에 도착했을 때, 예수님은 여덟 명의 제자는 남겨두고, 베드로, 야고보, 요한만을 데리고 동산으로 가셨다. 남은 제자들은 부르면 달려올 수 있는 거리에 앉아 있었다. 마가는 예수님께 밀려 들어온 엄청난 내면의 갈등을 설명할 수 있는 적절한 단어를 찾지 못했다. 예수님은 홀로 하나님 아버지와 독대해야 하셨지만, 그가 기도할 동안 제자들도 말짱히 깨어 있기를 원하셨다. 그들이 깨어 있었다 해도 예수님의 고뇌에 찬 기도를 다 듣지는 못했겠지만, 그분의 절박한 기도의 시작은 쉽게 들을 수 있었을 것이다. '아바'(Abba)와 '아버지'(Father)는 같은 의미이며, 영어로는 '사랑하는 아버지'(Dear Father)가 가장 적절한 표현이 될 수 있다. 완전한 인간이셨던 예수님의 모든 실존 감각은 체포 이후에 이어질 수치와 고문뿐만 아니라 그에게 강요될 악과의 직접적인 대면에 대항하여 저항하고 있었을 것이다. 그가 아버지로부터 완전히 버려졌다는 끔찍한 고립감으로 고통받았다고 상상하는 것은 지나치지 않다. 그러나 그분의 모든 생애는 아버지의 뜻을 온전히 이루는 것에 헌신해 왔었기에, 이 마지막 쓴잔조차 거부할 수 없었다. 우리는 그의 절박한 두려움과 고뇌를 단지 추측할 뿐이다. 잠시 후 그가 제자들에게 돌아오니 베드로, 야고보, 요한은 깊이 잠들어 있었다. 예수님은 베드로를 그의 옛 이름인 시몬으로 부르시며 꾸짖으시는데 이는 그가 가장 먼저 충성심을 과시한 사람이었기 때문일 것이다. 다시 기도하러 가기 전에, 그들에게 기도할 것을, 특히 유혹에 맞서 기도할 것을 권면하신다. 그런 다음 떠나가 처음과 같은 말로 기도하시고, 잠시 후에 다시 오시니 그들이 잠을 이기지 못한 채 깨어 있을 수 없는 것을 보신다. 예수님은 질문을 시작하셨고, 잠시 후 눈을 들어보니 그를 체포하려고 무장한 무리가 와 있었다. 내가 '괜찮다'(all right)로 번역한 단어는 해석이 쉽지 않은데, 문자 그대로는 '충분하다'라는 의미이다. 나는 예수님이 이제는 상황이 완전히 바뀌었음을 즉시 깨닫고, 그것을 마주할 준비가 되어 있다는 것을 표현하려고 했다. 자, 이제 그들은 자리에서 일어나, 대제사장, 율법학자, 장로들이 이끄는 이 무장한 무리를 향하여 발을 내딛고 걸어 나가야만 한다.

유다가 예수를 배신하다 (14:43-52)

> 43아직 예수께서 말씀하고 계실 때 갑자기 열두 제자 가운데 하나인 유다가, 칼과 몽둥이로 무장한 군중과 함께 도착했다. 대제사장들과 율법학자들과 장로들이 보낸 자들이었다. 44배신자는 그들과 신호를 정했다. "내가 입 맞추는 자가 그 사람입니다. 그를 잡으십시오. 그러면 아무 문제없이 그를 데려갈 수 있습니다." 45그래서 그는 곧장 예수께 걸어가서 "선생님!" 하고 외치며 애정을 담아 입을 맞추었다. 46그러자 무리가 그를 붙잡았다. 47그곳에 있던 누군가가 칼을 빼어 대제사장의

> 종의 귀를 베었다. ⁴⁸그때 예수께서 그들에게 말씀하셨다. "너희는 강도를 잡듯 나를 잡으려고 칼과 몽둥이를 가지고 왔느냐? ⁴⁹내가 날마다 가르치며 성전에서 너희와 함께 있었지만 너희는 내게 손가락 하나 대지 않았다. 그러나 성경 말씀이 이루어져야 한다." ⁵⁰제자들은 모두 예수를 버리고 도망갔다. ⁵¹마침 그곳에 있었던 예수를 따르는 청년은 삼베 내의 하나만 걸치고 있었다. 사람들이 그를 붙잡았지만, ⁵²그는 내의를 버리고 벌거벗은 채로 도망갔다.

유다는 그들이 밤을 보낼 가능성이 있는 곳을 알고 있었기에 앞장섰고, 랍비에게 하는 통상적인 인사인 입맞춤을 한다. 이것은 미리 정해 놓은 신호였고, 예수님은 즉시 체포되셨다. 혼란 속에서 누군가가 칼을 뽑아 대제사장의 종의 귀를 잘라버렸다. 하지만 예수님은 어둑어둑해지는 저녁에 이런 종류의 무질서하고 어리석은 난투가 일어나는 것을 원하지 않으셨다. 예수님은 담대하게 그들을 대면하고, 왜 지금까지 잡지 않고 기다렸는지에 대해 신랄하게 비판하신다. 지난 며칠 동안 그는 성전에서 가르치고 계셨다. 물론 자신을 지키기 위해 무장하지도 않으셨다. 그러나 성경과 예언, 특히 이사야 53장과 같은 구절들은 모두 하나님의 계획의 일부이며 반드시 성취되어야만 한다.

이 시점에서 모든 제자가 도망쳤다. 삼베 내의만 입은 청년의 이 특이한 사건은 이 복음서에서만 언급된다. 추측일 뿐이지만, 그 청년이 마가 자신이었을 가능성이 있다. 이는 주요 이야기와는 관련이 없지만, 만약 마가가 베드로와 함께 복음서를 쓰고 있었다면 이는 그에게 결코 잊을 수 없는 사건이었을 것이고 그는 마침내 그것을 기록으로 남겨야 했을 것이다.

대제사장 앞에 서신 예수 (14:53-65)

53그들은 예수를 대제사장에게 끌고갔다. 대제사장들과 장로들과 율법학자들이 그곳에 다 모여 있었다. 54[베드로는 멀찍이 예수를 따라가 대제사장의 집 뜰까지 들어갔다. 그는 거기서 종들과 함께 불 앞에 앉아 몸을 녹였다.] 55그동안 대제사장들과 공의회 전체는, 예수를 처형할 만한 증거들을 찾았지만 철저히 실패했다. 56예수께 불리한 거짓 증언을 하려는 사람들은 많았지만 증언들의 앞뒤가 맞지 않았다. 57그러자 또 다른 거짓 증인들이 일어나 말했다. 58"우리는 그가 '내가 사람의 손으로 지은 이 성전을 무너뜨리고 3일 안에 사람의 도움 없이 다른 성전을 세우겠다'고 말하는 것을 들었습니다."

⁵⁹그러나 그들의 증언도 서로 엇갈렸다. ⁶⁰그래서 대제사장이 직접 일어나 가운데로 갔다. 그는 예수께 물었다. "대답하지 않을 거요? 그대에게 불리한 이 모든 증언에 대해 무엇이라고 말하겠소?" ⁶¹그러나 예수께서는 여전히 침묵하며 아무 대답도 하지 않으셨다. 다시 대제사장이 물었다. "그대가 찬송받으실 이의 아들, 그리스도요?" ⁶²예수께서 말씀하셨다. "그렇다! 너희는 인자가 권능의 우편에 앉아 있는 것과 하늘 구름 사이에서 오는 것을 볼 것이다." ⁶³대제사장이 옷을 찢으며 소리쳤다. "우리에게 무슨 증인이 더 필요하겠소? ⁶⁴여러분은 신성모독을 들었소. 이제 여러분은 어떻게 생각하시오?" 그들은 만장일치로 그에게 죽음이 마땅하다고 결론을 내렸다. ⁶⁵몇몇은 예수께 침을 뱉었다. 또한 예수의 눈을 가리고 때리며 말했다. "누가 당신을 쳤는지 맞혀봐!" 심지어 예수를 끌고 나가는 종들도 그의 뺨을 때렸다.

예수님의 적들은 그들의 모든 살인 계획을 안식일 전에 완수하기 위해 발 빠르게 움직여야 했다. 모든 대제사장, 장로, 율법학자들의 연합은 미리 준비된 것으로 보이는데, 대제사장으로 언급된 가야바가 예수님을 그의 거처로 데리고 갔다. 그 거처의 방들은 마당을 둘러싸서 지어졌을 것이고, 안뜰에는 숯불이 타고 있었을 것이다. 레위인 경비병들과 아마도 몇몇 일반 사람들이 추위를 피하려고 모여들었을 것이다. 베드로는 분명 사람들이 자신을 알아보지 않기를 바라면서 그 안으로 들어갔다. 그가 숯불 가에서 불을 쬐고 있는 장면은 오직 마가만이 언급한다. 건물 안에서는 혼란스러운 재판이 열리고 있었다. 감정은 고조되었고 두 증인들은 각각 다른 증언을 하고 있다. 모세 율법에서 사형죄에 대해서는 두 증인의 증언이 반드시 일치되어야 하는 요구사항이 있다. 그들은 심지어 예수님의 성전 파괴에 관한 예언도 혼동한 것 같다. 예수님은 자신이 직접 성전을 파괴할 것이라고 말씀하지 않으셨고, 사람의 노력 없이 3일 안에 다른 성전을 짓겠다고 말씀하지도 않으셨다. 가야바는 사건이 엉성하게 꾸며진 것처럼 보였기에 별다른 인상을 받지 못했을 것이다. 특히 예수께서 스스로 변호하지 않으셨기 때문에 그는 직접적으로 질문할 수밖에 없었다. 곧, 예수님이 '찬송 받으실 이의 아들'인 그리스도이신지 직접 질문한다. 이 칭호는 그 의미가 명확하지만 마가복음에서만 발견된다. 이에 예수님은 침묵을 깨고 자신이 그리스도이시며, 인자가 그의 권위와 능력으로 심판하러 오실 것이라고 말씀하셨다. (예수님이 사용하신 실제 단어들은 메시아적 의미로 해석되는 다니엘 7:13과 시편 110편을 상기시킨다.) 자신이 메시아이자 하나님의 아들이라고 주장하는 것은 극도의 신성모독이었고, 이것은 유대인들에게 사형죄에 해당하는 것이었다. 다만 유대인들은 스스로 사형을 집행할 권한이 없었는데, 만약 실행했다면 돌로 치는 형벌이었을 것이다. 그러나 사형에 합당하다고 생각되는 사건을 로마 당국에 회부할 수는 있었다. 그래서 그렇게 결정되었고, 공식적으로 로마 당국에 통보하는 동안 모욕과 폭력의 홍수가 예수님께 쏟아져 내렸다. 이러한 저속한 잔인함을 드러낸 이들은 산헤드린 공의회의 구성원들, 예수님을 체포한 경비병들, 산헤드린에 속한 종들이었을 것이다.

베드로가 겁에 질려 주를 부인하다 (14:66-72)

66한편 베드로가 아래쪽 뜰에 있을 때, 대제사장의 여종이 나타나 67불을 쬐고 있는 베드로를 보았다. 여종이 베드로를 유심히 보더니 말했다. "당신도 저 나사렛 사람 예수와 같이 있었죠!" 68그러나 베드로는 부인하며 말했다. "당신이 지금 무슨 말을 하는지도 모르겠고 알아듣지도 못하겠소." 그러고는 베드로가 입구로 나가자, 수탉이 울었다. 69그때 그를 알아본 여종이 다시 거기 서 있는 사람들에게 말했다. "이 사람은 그들과 한패입니다!" 70그러나 그가 다시 부인했다. 잠시 후 옆

> 에 있던 사람들이 베드로에게 말했다. "당신은 분명 그들과 한 패요. 당신은 갈릴리 사람 아니오!" ⁷¹그러나 베드로는 저주하며 맹세했다. "정말 나는 당신들이 말하는 그 사람을 모릅니다!" ⁷²그 순간 닭이 두 번째로 울었고, 베드로는 "수탉이 두 번 울기 전에 네가 나를 세 번 부인할 거야"라고 한 예수의 말이 떠올랐다. 그 사실이 뇌리를 스치자 눈물이 왈칵 쏟아졌다.

이제 베드로의 부인에 대한 슬픈 이야기가 이어진다. 예수님과 그 사건에 대한 아는 바가 없다고 첫 번째로 부인한 후, 베드로는 불이 밝게 비추는 곳을 떠나 입구로 나간다. 하지만 하녀, 곧 여종은 거기서 만족하지 않고 다시 그를 고발한다. 그러나 그는 다시 추가 거부로 대응한다. 하지만 이야기는 점점 커지기 시작했고, 곁에 서 있던 사람 중 한 목격자가 베드로는 분명히 갈릴리 사람이라고 증언했다. 아마 그의 억양 때문일 것이다. 이제 베드로는 더 이상 버틸 수 없었고 예전에 어부일 때 사용한 거친 욕설로 대응한다. 세 번째로 부인했을 때 닭이 두 번째로 울자, 베드로는 비로소 예수님의 말씀을 기억했다. 자신의 용감한 주장과 실제 비겁한 행동 사이의 괴리가 그를 덮치면서 그는 눈물을 터뜨렸다.

15장

빌라도 앞에 서신 예수 (15:1-21)

¹동이 트자 대제사장들이 장로들과 율법학자들과 공의회 전체의 회의를 소집했다. 그들은 예수를 결박하여 빌라도에게 끌고 가서 넘겼다. ²빌라도는 예수께 직접적으로 물었다. "당신이 유대인의 왕이오?" 예수께서 대답하셨다. "당신이 그렇게 말하고 있소." ³대제사장들이 여러 혐의로 예수를 고소했다. ⁴빌라도는 예수께 다시 물었다. "할 말이 없소? 저들의 고소를 들어보시오!" ⁵그러나 예수께서는 더 이상 대답하지 않으셨고 빌라도는 놀라워했다. ⁶당시 명절에는 총독이 사람들의 요청에 따라 죄수 하나를 풀어주는 관례가 있었다. ⁷그때 감옥에는 최근 폭동 때 살인을 저지른 폭도들과 함께 바라바라는 사람이 있었다. ⁸무리가 앞으로 밀어닥치면서, 빌라도에게 늘 하던 대로 해달라고 요구하기 시작했다. ⁹그래서 그가

그들에게 말했다. "여러분은 내가 유대인의 왕을 풀어주기를 바라오?" [10]빌라도는 대제사장들이 순전히 적의로 예수를 자신에게 넘겨주었다는 것을 잘 알고 있었다. [11]그러나 대제사장들은 무리를 부추겨 예수 대신 바라바를 풀어달라고 청하게 했다. [12]빌라도는 한 번 더 그들에게 말했다. "그러면 당신들은 유대인의 왕이라 칭하는 사람은 어떻게 하길 바라는 거요?" [13]그들이 외쳤다. "십자가에 못 박으십시오!" [14]그러나 빌라도가 대답했다. "그가 무슨 죄를 지었소?" 그러나 그들의 요구는 함성으로 들끓었다. "십자가에 못 박으십시오!" [15]빌라도는 무리를 만족시켜주고 싶어서, 바라바는 풀어주고, 예수는 채찍질한 후에 십자가에 못 박도록 넘겨주었다. [16]병사들은 예수를 총독의 관저 안뜰로 데리고 가서, 동료들을 모두 불러 모았다. [17]그러고는 예수께 자주색 옷을 입히고, 가시나무 가지를 엮어 왕관을 만들어 그의 머리에 씌웠다. [18]그런 다음 그에게 경의를 표했다. "유대인의 왕 만세!" [19]그들은 몽둥이로 그의 머리를 치고 침을 뱉은 다음, 무릎을 꿇고 그에게 경배했다. [20]예수를 희롱한 후에는, 자주색 옷을 벗기고 다시 그의 옷을 입혔다. 그런 다음 십자가에 못 박으려고 끌고 나갔다. [21]그들은 때마침 밭에서 오는 길이었던 아프리카 구레네 출신인 시몬[알렉산더와 루포의 아버지]에게 강제로 예수의 십자가를 지게 했다.

명절은 시작되었고 예수님을 지지하는 대중의 폭발적인 반란 위험이 커지고 있었다. 대제사장들과 함께하는 무리는 그들이 할 수 있는 대로 가능한 한 빨리 예수님을 로마의 권력 앞으로 끌고 나온다. 로마 법정은 해가 뜨기 전에는 절대로 열리지 않았으며, 시각은 아마도 오전 5시나 6시쯤이었을 것이다. 빌라도는 시간을 지체하지 않고 곧바로 질문을 던진다. 헬라어가 익숙한 사람들은 예수님의 대답이 긍정적이었다고 이해했을 것이다. 예수님이 대답한 '당신이 그렇게 말하고 있소'를 문자적으로 번역하는 것은 단순한 대답을 너무 미묘하고 애매하게 만들 수 있다. 이어서 대제사장들의 여러 고소가 쏟아지지만 예수님은 아무런 답변도 하지 않으신다. 빌라도는 신약성경 외의 기록이나 문헌에서 기자들에게서 부정적인 평가로 좋은 인상을 받지 못했다. 그러나 그가 먼저 하려던 것은 예수님이 왕이라는 주장을 하는지와 그것이 반란을 부추기는 선동적인 것인지 확인하는 것이었고, 또한 예수님께 답변할 기회를 주는 것이었다. 이것은 로마의 일반적인 사법 절차였다. 예수님이 아무런 답변을 하지 않는 상황에서 아마도 빌라도는 그의 양심이 대단히 불편했을 것이다. 그리고 예수님이 순전히 무리의 악의로 끌려왔다는 사실을 인지했기 때문에 적절한 해결책을 강구했을 것이다. 유월절 때에는 죄수 한 명을 석방하는 관례가 있었는데, 그는 현재 사형을 기다리며 감옥에 구금된 바라바를 떠올렸다. 우리는 이 남자에 대해서는 아무것도 모르지만, 그는 사람들이 증오하는 로마인들에 대한 반란에 참여함으로써 대중들 사이에서 일시적인 인기를 끌었을 법한 인물이었다. 실제로 무리는 그들의 특권을 주장하기 시작했고, 이 악한 자가 석방되기를 요구했다. 빌라도는 이것이 그들의 진정한 뜻이라고 믿지 않았고, 대중이 지도자들의 악의에 영향을 받아 행동하고 있다는 것을 직감한다. 하지만 예수님을 석방하려는 그의 마지막 시도는 먹히지 않았다. 대제사장들은 바라바는 석방하고 예수님은 십자가에 못 박도록 군중을 선동했기 때문이다. 마가는 마태복음에 기록된 빌라도가 공개적으로 손을 씻어 예수님의 죽음에 대해 자신이 무죄임을 보여주는 사건을 언급하지 않는다. 그러나 우리는 이 짧은 구절에서 빌라도가 매우 난처한 상황에서 무죄한 사람이 사형에 처하는 것을 피하기 위해 최선을 다하고 있다는 느낌을 받는다. 하지만 그는 실패했고 바라바는 석방하고 예수님을 채찍질하게 한다. 로마식 채찍질은 매우 잔인하고 고통스러워서 피해자가 그 영향으로 사망하는 경우가 꽤 많았다.

    로마 병사들의 난폭한 조롱은 혐오스러우면서도 매우

사실적으로 들린다. 병사들은 자신을 왕이라고 주장하는 죄수를 일상적으로 접하는 것은 아니었으므로, 그들은 이를 빌미로 마음껏 희롱했다.

이제 예수님은 육신의 힘이 고갈되어 일반적으로 사형 선고를 받은 죄수가 처형 장소까지 가져가야 하는 십자가 형틀을 짊어지고 가지 못했다. 이것은 로마인들에게는 문제가 되지 않는다. 그들은 일반 시민들에게 '강요'하거나 '강제'로 육체노동을 수행하도록 명령할 수 있는 권한을 가지고 있었기 때문이다. 아마도 알렉산더와 루포는 초대교회에 알려진 사람들이었고, 그것이 마가가 그들의 아버지의 행동을 언급하는 이유일 수 있다.

십자가에 못 박히시다 (15:22-41)

²²그들은 예수를 골고다[해골 언덕이라는 뜻]라는 곳으로 끌고 가서, ²³약을 섞은 포도주를 주었지만 예수께서는 마시지 않으셨다. ²⁴그러고는 예수를 십자가에 못 박고, 옷을 나누어 가지기 위해 제비를 뽑아 각자의 몫을 정했다. ²⁵그들은 오전 9시에 예수를 십자가에 못 박았다. ²⁶예수의 머리 위에는 '유대인의 왕'이라는 죄목을 쓴 푯말이 있었다. ²⁷그들은 또한 강

도 둘도 예수의 양편에 하나씩 십자가에 못 박았다. ²⁹지나가던 사람들은 예수를 비웃고 조롱하며 고개를 흔들면서 말했다. "이봐! 성전을 무너뜨리고 3일 안에 다시 세울 수 있다며, ³⁰왜 십자가에서 내려와 자신은 못 구하지?" ³¹대제사장들과 율법학자들도 자기들끼리 예수를 비웃었다. "그가 다른 사람은 구원했지만 자신은 구원하지 못하는구나. ³²이 그리스도, 이스라엘의 왕이 지금 십자가에서 내려온다면 우리가 보고 믿을 텐데!" 예수와 함께 십자가에 못 박힌 이들도 예수께 욕을 퍼부었다. ³³정오가 되자 그 지역 전체가 어두워져서 오후 3시까지 캄캄했다. ³⁴3시에 예수께서 큰 소리로 외치셨다. "나의 하나님, 나의 하나님, 어찌하여 나를 버리셨습니까?" ³⁵구경꾼들 몇몇은 예수께서 아람어로 하시는 이 말['엘로이, 엘로이, 라마 사박다니']을 듣고 말했다. "잘 들어보시오, 그가 엘리야를 부르고 있소!" ³⁶한 사람이 달려가 해면을 식초에 적셔 막대기에 걸어 예수께 마시도록 들어 올리며 큰 소리로 말했다. "그냥 두시오! 엘리야가 와서 그를 내려주는지 봅시다!" ³⁷그러나 예수께서 큰 소리를 지르시고 숨을 거두셨다. ³⁸성전 성소의 휘장이 위에서 아래로 둘로 찢어졌다. ³⁹예수 앞에 서 있던 백부장은 예수께서 숨을 거두시는 것을 보고 말했다. "이 사람은 분명 하나님의 아들이었구나!" ⁴⁰막달라 마리아, 더 어린 야고보와 요세의 어머니와 살로메를 비롯한 여인들이 멀리

> 서 지켜보고 있었다. ⁴¹이들은 예수께서 갈릴리를 두루 다니실 때 그를 따르며 섬기던 여인들이었다. 그곳에는 예수와 함께 예루살렘까지 올라온 다른 여인들도 많았다.

모든 처형은 도시 외곽에서 이루어졌으며, 이는 로마의 권력에 맞서는 사람들에게 어떤 일이 일어나는지 볼 수 있도록 가능한 많은 사람이 보도록 도로변에서 이루어졌을 것이다. 우리는 예수님이 십자가에 못 박히는 고통을 겪을 사형수들에게 일반적으로 제공되는 약이 섞인 포도주를 왜 거부했는지 알 수 없다. 그것은 마지막 만찬에서 왕국에서 새 포도주를 마시기 전까지 더 이상 포도주를 마시지 않겠다고 했던 약속 때문일 수도 있다. 혹은 예수님이 십자가의 고난을 완화 없이 완전히 받아들이려고 하셨을 수도 있다. 병사들이 십자가에 못 박힌 사람들의 옷을 나눠 가지는 것은 하나의 관례였다.

마가만이 십자가 처형이 이루어진 구체적인 시간을 언급한다. 그런데 요한복음의 기록과 차이가 있는데, 마가는 유대인의 시간대를 사용했고 요한은 로마의 시간대를 사용했기 때문일 가능성이 있다. 그렇다면, 그들 모두는 십자가 처형이 아침 일찍 이루어졌다는 것을 의미할 것이다.

십자가에 못 박힌 사람의 죄명을 머리 위에 붙이는 것

은 관례였다. 이 경우에 예수님의 죄목은 스스로 유대인의 왕으로 자처했다는 것이었다. 동시에 십자가에 못 박힌 두 명의 강도는 아마도 바라바 일당의 게릴라 전사였거나 아니면 일반적인 노상강도였을 수도 있다. 군중의 조롱은 이해할 수 있지만, 이 부분을 읽는 것은 꽤 고통스럽다. 대제사장들은 공개적으로 드러나지는 않았지만, 자신들의 조롱을 억제하지 못했다. 예수님과 고통을 함께 받던 죄수들마저 그 조롱에 가담했다. 누가복음에서는 예수님의 십자가 좌우 죄인 중 한 명만이 이러한 경멸에 가담했다는 것을 읽을 수 있다. 또한 십자가 처형이 그들에게 흔한 광경이었음에도 불구하고 병사들까지 조롱과 욕설을 더 했다는 것도 알 수 있다.

갑작스러운 어두움은 모래폭풍에 의해 발생했을 가능성이 있는데, 지구상의 일부 지역에서는 드물지 않은 현상이다. 이것이 두려운 이유는 얼마나 오래 지속될지 모른다는 점이다. 모래폭풍은 강력한 바람을 동반할 수 있으며, 성전의 가장 성스러운 부분인 지성소의 휘장이 찢어지는 원인이 될 수도 있다. 이것은 일반적인 일식 현상이 아니었을 것이다. 왜냐하면 예수님의 수난 시기의 달은 '보름달'이었기 때문이다.

세 시간의 어두움이 지난 끝에 예수님은 시편 22편의

말씀을 인용해 큰소리로 외치셨다. 나는 개인적으로 예수님이 육체적·영적 고통 속에서 크게 소리를 질렀다고 보지는 않는다. 오히려 가장 심각했던 고통은 하나님 아버지로부터 완전히 끊어지는 단절이 지나갔던 때였을 것이다. 그래서 나는 예수님의 고통이 현재진행형이 아니라 방금 지나간 과거를 묻는 말로 번역했다(My God, my God, why did you forsake me?). 아람어로 된 단어들은 일부 구경꾼들에게 엘리야를 부르는 외침처럼 들릴 수 있었다.

십자가형의 끔찍한 고통 중 하나는 극심한 목마름이었다. 구경꾼 중 한 사람이 병사들의 값싼 포도주를 스펀지에 묻혀 예수님이 마실 수 있도록 들어 올렸다. 그다음 말을 한 사람이 이 사람인지 다른 지나가던 사람인지 우리는 모른다. 하지만 예수님은 고통을 완화하기를 거절하시고, 큰소리로 외치며 죽음을 맞이하셨다. 이는 완전히 지친 사람의 약한 신음이 아니라, 승리의 큰 외침이었고, 예수님은 의도적으로 자신의 영혼을 하나님 아버지께 돌렸다는 것을 의미한다.

백부장은 분명히 많은 사람이 죽는 것을 보았겠지만, 예수님이 그의 영혼을 내어놓는 방식에는 특별한 것이 있었다고 보았다. 백부장의 발언이 정확히 무엇을 의미했는지는 알 수 없다. 그것은 분명히 신학적인 선언은 아니었지만, 그 군인은 이것이 뭔가 특별한 사람의 죽음이었다는 것을 인식했을 수도 있다. 아마 그는 예수님의 머리 위에 있는 표지판을 읽고, 예수님이 제기하신 주장이 어느 정도는 사실이라고 느꼈을 수도 있다.

예수님의 실제 죽음을 목격한 다른 사람 중에는 막달라 마리아, 야고보(어린 혹은 작은)와 요셉의 어머니 마리아가 있었다. 살로메라는 이름은 헤롯 가문의 몇몇 구성원들에 의해 사용되었다. 그 밖에도 예수님을 따라 예루살렘에 온 다른 여성들이 그의 비극적인 최후 곁에 함께 있었다.

예수의 시신을 경건하게 무덤에 안치하다 (15:42-47)

> ⁴²그날은 안식일 전날인 준비일이었으므로, 저녁이 되자 ⁴³공의회의 저명한 회원이자 하나님 나라를 받아들일 준비를 하고 있던 아리마대 출신의 요셉이 용감하게 빌라도 앞에 가서 예수의 시신을 내어달라고 청했다. ⁴⁴빌라도는 예수가 벌써 죽었을까 싶어, 놀란 마음으로 백부장을 불러 그가 죽은 지 오래되었는지 물었다. ⁴⁵빌라도는 백부장의 보고를 듣고 나서 예수의 시신을 요셉에게 내주었다. ⁴⁶그래서 요셉은 예수를 내려서 가지고 간 삼베 수의로 싼 다음, 단단한 바위를 깎아서

> 만든 무덤에 안치하고 입구를 돌로 막았다. ⁴⁷막달라 마리아와 요세의 어머니 마리아가 그것을 지켜보고, 예수께서 어디에 안치되시는지 알아두었다.

이제 큰 용기를 낸 아리마대 요셉이 나온다. 그는 산헤드린 공의회에서 명망 있는 사람으로 빌라도에게 예수님의 시신을 달라고 요청했다. 일반적으로 십자가에 못 박힌 시신은 태양과 비바람에 노출된 채, 들짐승과 새들의 공격을 받도록 방치되었다. 그러나 보다 자비로운 유대 법률에 따르면 교수형이나 십자가 처형된 시신은 노출된 채로 두지 말고, 그날 매장하도록 명령했다(신 21:23). 십자가에 못 박힌 사람이 가끔 하루 이상 버티기도 했는데, 빌라도는 예수님이 이미 죽었다는 사실에 놀랐다. 그리고 백부장에게 이 사실을 확인한 후에야 시체를 요셉에게 주어 호의를 베푼다.

요한의 기록에 따르면, 니고데모가 요셉이 준비한 세마포 주름 사이에 향기로운 향료를 넣고 예수님의 시신을 수습하는 일을 도왔다. 시신은 돌로 깎아 만든 무덤에 안치되었는데, 마태에 따르면 그것이 요셉이 소유한 무덤이었다고 기록한다. 관습에 의해 큰 돌을 굴러내려서 무덤의 문을 닫았다. 마가에 따르면 두 여인이 예수님의 시신이 놓인 장소를 지켜봤다고 전한다.

16장

첫 주일 새벽에 여인들이 놀라다 (16:1-8)

¹안식일이 지나자, 막달라 마리아와 야고보의 어머니 마리아와 살로메가 예수께 바를 향료를 샀다. ²그러고는 그 주의 첫날 아주 이른 아침 해가 떠오를 무렵, 무덤으로 갔다. ³그들은 "돌을 굴려서 무덤을 열어줄 사람이 있을까요?" 하고 서로 물었다. ⁴가까이 가서 보니, 커다란 돌이 굴려져 있었다. ⁵무덤으로 들어간 그들은 하얀 옷을 입은 청년이 오른편에 앉아 있는 것을 보고는 소스라치게 놀랐다. ⁶그가 그들에게 말했다. "놀랄 필요 없다. 너희는 십자가에 못 박혔던 나사렛 예수를 찾고 있지만, 그는 살아나셨으므로 여기 계시지 않다. 보아라. 여기가 사람들이 그를 안치했던 곳이다. ⁷이제 제자들과 베드로에게 가서, 그분이 그들보다 먼저 갈릴리로 가실 것이라고 말해라. 예수께서 말씀하셨던 대로 너희는 그곳에서 예수를 만날

> 것이다." ⁸그들은 무덤에서 나와서 도망치듯 빠져나왔다. 그들은 흥분하여 벌벌 떨었다. 감히 누구에게 말 한마디도 하지 못했다.

안식일이 끝나자 두 명의 마리아와 살로메가 향료를 사서 시체에 방부 작업을 완료하기 위해 무덤으로 돌아갔다. 날은 밝아오기 시작했고 그들이 무덤에 도착할 무렵에는 이미 태양이 떠 있었다. 이제 그들이 고민하던 문제가 해결된 것을 확인할 수 있을 만큼 날은 충분히 밝았다. 거대한 돌이 굴려져 있었고 무덤은 열려 있었다. 그들은 자연스럽게 무덤 안으로 들어갔는데, 거기서 흰 옷을 입은 젊은 남자가 오른쪽에 앉아 있는 것을 보았다. 그들은 공포에 가까운 경외감을 느꼈다. 이 젊은 남자는 하나님의 천사였다. 교회 삽화에서 흔히 볼 수 있는 어린아이 모습의 케루빔 얼굴의 천사와 혼동해서는 안 된다. 그는 그들에게 두려워하거나 놀랄 필요가 없다고 말한다. 그들이 보듯이, 그들이 찾고 있던 예수님은 거기에 계시지 않았다. 그러고 나서 여자들은 세 번 예수님을 부인했던 베드로를 포함한 제자들에게 가서 예수님이 약속하셨던 대로 갈릴리에서 그들을 만날 것이라고 전하라는 지시를 받는다. 여자들은 무덤에서 달려 나와 흥분하면서 떨었고 누구에게도 한마디 말도 하지 못했다.

여기서 마가복음이 실제로 끝나고, 그 이후의 구절들은 나중에 추가되었다. 마가가 정말로 이러한 경이로움과 경외감의 느낌으로 기록을 끝내려고 했는지 우리는 정확히 알 수는 없다. 물론 원본의 마지막 부분이 어떻게든 손실되었을 가능성도 있다. 심지어 그리스도인들에게 가해지기 시작한 가혹하고 무서운 박해가 시작되면서 마가가 더 이상 기록하지 못했을 수도 있다는 추측까지 제시된다. 어쨌든 이 장의 나머지 부분은 다른 사람이 썼다는 점은 보편적으로 동의하고 있다.

아주 오래전에 추가된 부분 (16:9-18)

> ⁹예수께서 그 주의 첫날 이른 아침에 부활하셔서 막달라 마리아를 가장 먼저 만나셨다. 마리아는 예수께서 일곱 귀신을 쫓아내신 여인이다. ¹⁰그리고 마리아는 슬퍼하며 울고 있던, 예수를 따르던 이들에게 가서 이 소식을 전했다. ¹¹그러나 그들은 살아나신 예수를 보았다고 하는 마리아의 말을 듣고도 믿지 않았다. ¹²그 후에 예수께서 다른 모습으로 나타나 시골로 걸어가던 두 제자를 만나셨다. ¹³두 사람이 돌아와서 다른 이

> 들에게 말했지만, 그들은 두 사람의 말도 믿지 않았다. ¹⁴한참 뒤에 예수께서, 열한 제자가 식탁에 앉아 있을 때 나타나셔서 그들의 믿음 없음과, 부활하신 예수를 만났다는 이들의 말을 믿지 않은 것을 나무라셨다. ¹⁵그러고는 그들에게 말씀하셨다. "너희는 세상 전역으로 나가 모든 이에게 기쁜 소식을 선포해라. ¹⁶기쁜 소식을 믿고 세례를 받는 이는 구원을 받지만, 기쁜 소식을 믿지 않는 이들은 정죄를 받을 것이다. ¹⁷믿는 이들에게는 표징이 따를 것이다. 곧 내 이름으로 귀신을 쫓아내고, 새 방언을 말하고, ¹⁸뱀을 집어 들고, 어떤 독약을 마셔도 멀쩡하고, 병자들에게 손을 얹으면 나을 것이다."

추가된 위의 부록은 마가의 문체로 작성되지 않았다. 그럼에도 불구하고, 초기부터 교회의 권위 있는 초기 제자가 쓴 진정한 추가 내용으로 받아들여졌다.

누군가 당황하고 두려워하는 여성들의 장면과 이제 하나님의 능력으로 세계 곳곳으로 사역을 확장해 나가는 교회 사이에, 비록 짧더라고 어떤 '연결고리'가 있어야 한다고 생각한 것으로 보인다.

예수님이 막달라 마리아에게 처음으로 나타나셨지만, 그녀의 이야기는 믿어지지 않았다. 이것은 여인들의 보고를 '순전한 상상'으로 여겼던 누가복음의 기록과 비교해 볼 수 있다(눅 24:11). 열한 제자들은 절망과 슬픔에 깊이 빠져 있었기 때문에 부활의 소식을 믿기가 어려웠다. 이 소식은 사실이라고 믿기 어려운 너무 기쁘고 놀라운 소식이었다. 심지어 엠마오로 가는 두 제자에게 예수님이 '다른 형태로'(아마도 '다르게 보이는'을 의미하는 것일 수 있다) 나타나신 것조차 진실로 받아들여지지 않았다. 그러나 누가복음 24:30-35에서는 그들의 이야기가 받아들여졌으며 예수님이 이미 베드로에게 나타나셨다고 말한다.

누가복음에 따르면, 예수님은 이제 모인 사도들에게 나타나셔서 그들의 믿음 없음을 꾸짖으신다. 그런 다음 그 책망을 세상에 복음을 전하라는 명령으로 바꾸시고, 그의 이름으로 나아가는 자들에게 특별한 권능을 약속하신다.

예수께서 사명을 완수하고 하늘로 돌아가시다 (16:19-20)

> ¹⁹주 예수께서 이 말을 마치신 후에 하늘로 올라가셔서 하나님 우편 왕좌에 앉으셨다. ²⁰제자들은 곳곳에서 기쁜 소식을 전했다. 주께서 그들과 함께 일하셨고, 표징으로 그들의 메시지를 확증하셨다.

예수님의 이 위임명령과 승천 사이에 시간 간격이 없다고 가정할 필요는 없다. 초기 신자들이 약속된 능력을 받기 위해 예루살렘에서 기다려야 했다는 것은 널리 알려졌을 것이다. 그리고 성령이 공개적이고 강력하게 임하신 후에야 비로소, '주께서 그들과 함께 일하시며' 어린 교회가 세상으로 나아갔다.

The First Letter of Peter

베드로전서

1장

¹예수 그리스도의 메신저 베드로는 본도, 갈라디아, 갑바도기아, 아시아, 비두니아에 흩어져 있는 하나님의 백성에게 이 편지를 보냅니다. ²아버지 하나님께서는 여러분을 오래전에 알고 선택하셔서 성령으로 거룩하게 하시고, 여러분이 예수 그리스도께 순종하고 그분의 피로 깨끗하게 되도록 하십니다. 여러분이 하나님의 은혜와 평안을 더욱 더 알아가길 빕니다. (1:1-2)

**여러분은 믿음의 시험을 받지만,
놀라운 미래가 있습니다 (1:3-12)**

³우리 주 예수 그리스도의 아버지 하나님께 감사를 드립니다. 그분의 큰 자비로 그리스도께서 죽은 자 가운데에서 다시 살

아나심으로 우리가 소망이 가득한 생명으로 다시 태어났습니다. [4]이제 여러분은 변하지도 않고 썩지도 않는 완전한 하늘의 유업을 소망할 수 있습니다. [5]그 사이에 여러분은 믿음을 통해 역사하시는 하나님의 보호를 받습니다. 마지막 날에 전부 드러날 구원에 온전히 들어가기 전까지 말입니다. [6]비록 지금은 온갖 시련에 일시적으로 괴로움을 당하나 이것은 여러분에게 큰 기쁨이 될 것입니다. [7]그런 시련은 우연한 사건이 아니라 금보다 무한히 더 귀한 여러분의 믿음을 시험하는 것입니다. 여러분도 알듯이, 궁극적으로 없어질 금조차도 불로 제련해야 하는데, 여러분의 믿음이 받는 시험은 예수 그리스도께서 나타나시는 날에 칭찬과 영광, 존귀를 받도록 계획된 것입니다. [8]그리고 여러분은 그분을 만난 적이 없는데도 사랑합니다. 현재 여러분은 그분을 볼 수 없어도 신뢰하며, 그분은 지금도 여러분에게 말로 표현할 수 없는 기쁨, 하늘의 영광을 엿보는 기쁨을 주십니다. [9]여러분은 그분을 믿어서 받는 결과, 곧 영혼의 구원을 늘 누립니다. [10]옛 선지자들은 이 구원을 발견하고 받는 일에 전력을 다했습니다. 그들은 지금 여러분이 받은 은혜에 관해 예언했습니다. [11]그들은 그들 안에서 역사하시는 그리스도의 영이 어떤 시대와 상황에 관해 말씀하는지 탐구했습니다. 그분은 그리스도께서 받으실 고난과 뒤따를 영광에 관해 미리 말씀하셨기 때문입니다. [12]그때 그들은 이것이 그

> 들이 아니라 여러분을 위한 것이었음을 분명히 알았습니다. 이들은 이 기쁜 소식을 하늘에서 보낸 성령을 통해 바로 여러분에게 분명히 알린 것입니다. 이 사실은 천사들까지도 알려고 애썼던 것입니다!

베드로는 특별한 의미에서 메신저, 곧 사도이다. 이 단어는 단순히 '보냄을 받은 사람'을 뜻하지만, 이 편지가 쓰인 시점에는 예수 그리스도께서 직접 선택하시고 보내신 사람을 의미했다. 이 개념은 빠르게 확장되고 있던 교회들 가운데서 이미 잘 알려져 있었다.

어떤 사람들은 이 편지에서 사용된 정교하게 잘 작성된 헬라어에 대해 의문을 제기한다. 그들은 다소 순진하게 "무식했던 어부가 어떻게…"라고 운을 떼며 "그렇게 능숙하고 세련되게 헬라어를 구사할 수 있었을까?"라고 묻는다. 그러나 그들은 베드로가 결코 어리석은 사람이 아니었다는 것을 잊은 듯하다. 그는 30년 이상의 세월 동안 언어에 대한 지식을 쌓아왔다. 거의 모든 사람이 일상 속의 언어인 코이네 헬라어를 구사하였다. 메시지를 증언하고 주의 사랑을 전하려는 열정으로 가득 찬 사람이 당시 보편적으로 사용하던 언어를 빠르게 습득했을 것은 분명하다. 물론, 이 편지를 실제로 쓰는 데 있어서 실루아노(5:12)와 같은 인물에게서 도움을 받았을 수도 있다.

베드로는 넓은 지역에 걸쳐 거주하는 많은 사람에게 편지를 쓰고 있다. 본도와 비두니아는 현재 흑해라고 불리는 곳의 남부 해안에 위치한 지역들이다. 갑바도기아, 갈라디아 그리고 아시아는 오늘날 소아시아로 알려진 곳의 비교적 큰 지역들이다. 이 모든 지역은 로마의 지배 아래에 있었다. 그곳의 모든 기독교 공동체는 지난 30년간 끊임없이 이 지역을 여행하며 복음을 전했던 사도들과 사역자들이 수고한 결과로서 존재하게 되었다. 이것은 신화가 아니라 기적적인 인간 역사의 일부분이다.

'아버지 하나님께서 우리를 오래전부터 알고 계시며, 그의 성령을 통해 우리를 거룩하게 만들기 위하여 우리를 선택하셨다'는 진리를 증언하는 것은 누구에게든 믿기 힘들 정도로 혁명적이었다. 이런 특권을 그들만의 '소유'라고 믿었던 유대인들에게 이것은 가장 충격적인 신성모독처럼 보였다. 그러나 여기서뿐 아니라 신약성경의 모든 서신서에서, 이 새로운 메시지는 완전한 확신과 함께 선포되었다. 정말로 기쁜 소식이다.

예수님께 순종하는 것은 이 혁명적인 선언에 응답하는 인간의 몫이며, 예수님의 피에 의해 깨끗해지는 것은 하나님 측의 몫이다. ('뿌려 깨끗해지는'의 원래 개념은 오래전으로 거슬러 올라간다. 출 24:8 참조.)

여기에서 '하나님의 은혜'(헬라어 *charis*)는 그분의 사랑과 능력이 역사하여 인간의 삶에 드러나는 것을 의미하며, 그의 평안은 다양한 방식으로 우리 삶에 적용되어 광범위하게 해석될 수 있다. 이 편지를 받은 사람들은 이러한 것들에 대해 어느 정도 알고 있었다. 베드로는 그들의 경험이 여러 배로 확대되기를 소망하고 있다.

'다시 태어남'(born again)이라는 표현은 현대의 많은 전도자가 즐겨 사용하는 표현이지만, 복음서에서는 단 한 번 나타난다(요 3:1-11). 이는 예수님이 특별한 상황에서 특정한 사람에게 말씀할 때 사용되었다. 그런데 예수님은 니고데모에게 단수로 말씀하시다가 갑자기 '너희는 반드시 다시 태어나야만 한다'라는 복수형 동사를 사용하셨다. 이것은 분명히 '너와 같은 사람들'(곧 의롭고 종교적인 사람들)도 하나님의 나라를 이해하려면 거듭남이 필요하다는 것을 의미한다. 예수님은 폭넓고 다양한 사람들과 접촉하셨지만 이러한 표현을 사용한 것은 니고데모만이 유일하다. 여기에 모순이 있는가? 당연히 없다. 어린 교회(초기 교회. 역자주)가 성장함에 따라 수천, 수만 명의 사람이 과거의 어두움과 무지를 벗어나 예수님을 믿게 되었다. 그들뿐만 아니라 그들을 위해 기도했던 많은 사람에게도 이 믿음의 걸음은 근본적인 변화를 가져다주어 새롭게 태어난 것처럼 느껴졌고 외적으로도 그렇게 보였다. 따라서 우리는 신약성경의 서신들을 통해 '거듭남' 혹은 '새롭게 태어남'의 예들을 많이 찾아볼 수 있다.

감사하게도 이런 일이 오늘날에도 일어나고 있지만, 우리나라는 1,500년간의 기독교 역사에 깊이 잠겨있기에 일반적으로 그렇게 극적으로 일어나지는 않는다. (저자는 영국 기독교의 예를 들고 있다. 역자주) 그러나 갑작스럽고도 점진적인 변화는 여전히 일어나고 있다.

예수 안에서 '다시 태어난' 인간은 이제 하나님의 영원한 생명과 그분의 무한한 자원과 끊임없이 연결되어 있다. 그는 지구상에서 엄청나게 실제적이고 가치 있는 것을 경험하지만, 천국과 비교할 때 그것은 오직 우리를 위해 완벽하게 준비된 유산의 맛보기일 뿐이다. 오늘날의 세상은 오직 이 세상에만 관심이 있지만, 그리스도인은 무한히 더 많은 소망과 자원을 소유하고 있다.

한편, 하나님이 없는 부패한 이 세상에서 이와 같은 믿음을 유지하는 것은 어렵다. 하나님이 개개인의 그리스도인들을 보호하시지 않았다면 어려운 상황에서 그러한 믿음을 유지하는 것은 불가능할 것이다. 그리고 이것은 믿는 자의 믿음을 통해 현실화 된다. 이는 신약을 관통하는 하나의 과정으로 간주하는 '구원'의 시작에 불과하며, 육신의 '죽음' 이후에는 이 구원은 사랑과 빛과 지식 그리고 모든 좋은 은사들 안에서 확장하며 가속화된다.

'큰 기쁨'은 신약성경에 자주 나오는 말이지만, 사실 우리는 얼마나 그 기쁨을 누리고 있을까? 우리는 이 세상의 병든 가치관과 우선순위에 너무 많이 귀 기울이고 있는 것은 아닌가? 그것들이 너무 가까이에 있고 요란하기 때문에 이미 보장된 미래에 대한 기쁨을 우리는 잃어버린 것이 아닐까? 실제로 초기 그리스도인들은 '온갖 종류의 시련에 시달리는' 핍박과 괴롭힘을 받았다! 그러나 나는 오늘날 청년이든 노인이든 그들의 고난의 특징과 심각성이 얼마나 넓고 다양하든지 간에 '시련 당하지 않는' 그리스도인을 만나본 적이 없다. 그래서 우리는 한배를 탄 좋은 동역자들이다.

'우연이 아니다.' 인생은 언제나 어렵고, 불공평하며, 위험하고, 두렵고, 고통스러우며 많은 사람에게 무거운 짐이다. 그리스도인일지라도 보편적인 인간의 고통과 시련에서 예외는 아니다. 오히려 그리스도께 신실한 사람이라면 예수님의 삶과 죽음에서 나타난 고통스러운 갈등을 어느 정도 겪게 될 것이다. 오늘날 이 나라에서 그리스도인으로 산다는 것이 신체적인 학대나 박해 등의 큰 위험을 수반하지는 않지만, 많은 나라에서는 아직도 그 위험이 존재한다. 그러나 그리스도인이라면 악한 세상으로부터의 억압, 구속받지 못한 인간의 죄성에 의한 압력, 그리고 악의 힘으로부터의 강한 공격들로 인하여 어디서든 아픔을 당할 수 있다. 그러나 이것은 결코 '우연이 아니다!' 그리스도인들은 가능하면 빠르면 빠를수록 이것을 기쁨으로 받아들여야만 한다. 하나님의 능력만이 우리가 시련을 받아들이고 믿음으로 살며 인내로 견뎌낼 수 있도록 도울 것이다.

이 모든 것의 가장 신비로운 목적은 우리의 믿음을 정결하게 하는 것이다. 그것은 종종 원래의 목적과는 상관없고 잔인하게 보이기까지 한다. 우리는 더는 이를 감당할 수 없다고 느낄 때도 있다. 하지만 우리의 감정이 우리에게 무엇을 말하든 우리는 믿음을 붙잡아야 한다. 믿음은 어둠 속에서도, 심지어 절망의 구렁텅이에서도 계속되어야만 한다. 예수님은 '끝까지 견디는 자가 구원을 얻을 것'이라고 말씀하셨다. 그 '최종 결과'는 7절 마지막 말씀 속에 약속되어 있다.

우리는 이렇게 생각할 수 있다. '베드로에게는 얼마나 쉬웠을까, 그는 예수님과 거의 몇 년 동안 매일 함께했던 사람이 아닌가!' 그런데 그것이 그에게 또는 그 시절의 사람들에게 정말 쉬운 일이었을까? 네 개의 복음서가 우리에게 답해 줄 것이다. 복음서의 관심은 항상 현재와 빛나는 미래에 있으며, 과거에는 거의 있지 않다.

수천 제곱마일에 흩어져 있는 이 모든 사람이, 한 번도 본 적이 없는 분을 사랑한다는 것은 분명히 기적 중의 최고의 기적이다. 수년 동안 나는, 예수님을 본 적 없지만 그분을 사랑하는 수천 명의 20세기 사람들을 만났다. 분명 이것은 오늘날의 기적이며 매우 인상적인 일이다. 미래의 영광에 대한 암시와 소망, 그리고 초월적인 기쁨이 모든 그리스도인에게 찾아온다. 어떤 이들에게는 지속적으로, 어떤 이들에게는 간헐적으로 온다.

'항상' 구원의 과정은 조용히, 눈에 보이지 않게 진행되고 있다. 우리의 흔들리는 생각과 감정이 어떠하든지 상관없이 말이다.

시편의 예언적인 언어들을 포함하여 구약의 예언자들은 확실히 미래에 대한 통찰력과 직관을 지니고 있었다. 그들은 완전히 하나님을 향해 열려 있었고, 수년간의 묵상과 기도를 통해 각자의 특별한 비전과 메시지를 받았다. 우리는 후대의 입장에서 보기에, 그들이 무엇을 찾아내거나 암시하고 있었는지를 자연스럽게 알 수 있다. 이는 우리의 공로가 아니다. 때때로, 진리를 명확하게 보았다고 느끼지만, 자신의 시대를 넘어 미래를 바라본 그들은 영감

받은 그 말씀들이 정확하게 언제 성취될지 알지 못했다.

'그리스도의 고난'에 대해서는 특히 시편 22편과 이사야 53장을 참고하라. '주해 성경'이 가까이에 있다면 여기에서 가장 유용하게 사용될 것이며, 다른 유사 구절이나 병행 구절을 찾아볼 수 있을 것이다. 또한 히브리서 2:12-18도 참고하기 바란다.

'천사들'은 신약에서 매우 자주 등장한다. 전통적으로 그들은 하나님의 비밀스러운 목적에 대해 어느 정도는 알고 있었고 죄 없는 상태로 천국에서 실존하는 존재였다. 그러나 이제 인간은 '천사보다 조금 못하게 지음받은' 존재임에도 불구하고, 그의 인간적인 한계가 허락하는 한도 내에서 하나님의 목적을 충분히 이해하게 되었다.

하나님께서 여러분을 위해 하신 일을
차분히 생각해 보십시오 (1:13-21)

> ¹³그러니 여러분은 마음을 가다듬고 행동을 절제하며, 예수 그리스도께서 나타나실 때 여러분이 누릴 은혜에 모든 소망을 두십시오. ¹⁴하나님 앞에서 순종하는 자녀로 살아가기 바랍니다. 무지한 시절의 욕망에 의해 인격이 형성되지 않도록 ¹⁵모

든 면에서 거룩하게 사십시오. 여러분을 부르신 분은 거룩하시기 때문입니다. ¹⁶성경은 이렇게 말합니다. '내가 거룩하니, 너희도 거룩해야 한다.' ¹⁷여러분이 기도를 드리는 아버지께서 사람을 행동에 따라 심판하시고 조금의 편애도 없으시다면, 여러분은 경건하고 두려운 마음으로 땅에 머물러야 합니다. ¹⁸여러분은 전통이라는 이름으로 내려온 헛된 생활방식에서 몸값을 치르고 풀려났다는 것을 알아야 합니다. 그 몸값은 스러질 이 세상의 돈이 아닙니다. ¹⁹그렇습니다. 그 몸값은 사실 아무 흠도, 얼룩도 없는 어린양 그리스도의 피였습니다. ²⁰그분의 이런 목적을 위해 창세 전에 예정되었지만, 바로 여러분을 위해서 그분이 마지막 때에 나타나셨습니다. ²¹여러분은 그분을 통해 하나님을 믿게 되었으며, 하나님이 그분을 죽은 자들 가운데서 일으키시고 하늘의 영광을 주셨으니, 여러분은 하나님께 모든 믿음과 소망을 두어야 합니다.

13절은 상당히 자유롭게 번역되었으며, 수정이 필요하다고 생각한다. '마음을 가다듬고'(brace up your minds)보다는 '행함을 위해 너희 마음을 비우고'(let your minds be stripped for action)가 더 좋을 것이다. (이 생각은 윌리엄 바클레이 박사의 번역에서 얻었다.)

우리는 하나님의 계획을 아는 특권을 받았고 우리에게

약속된 빛나는 미래에 대한 어떤 통찰도 받았기 때문에, 이제 정신적·영적 훈련에서 우리의 역할에 최선을 다해야 한다. 믿음은 현재와 다가올 영원한 삶에 대한 전적인 믿음과 희망이어야 한다.

'무지한 시절'이라는 표현은 유대 그리스도인들에게는 절대로 사용되지 않았을 것이다. 어떤 유대인도 무지하게 살지 않았으며, 그들은 율법과 예언자들의 시대에는 최대한 많은 것을 알고 있었다. 그러나 그 지식은 불완전했고, 이제는 새롭게 대체되었다. 이방인들(다양한 종교의 이교도들)은 그동안 무지한 날들을 보내다가, 갑자기 새로운 하나님, 새로운 주와 구주를 만나고 새로운 성령을 경험했다. 삶이 완전히 변했다. 가치, 목표, 이상이 완전히 달라졌다. 낡은 생각과 완전히 결별하고 '거룩함'에 전적으로 집중해야 한다. 거룩함은 우리에게 조금은 비현실적이고 부담스러운 단어가 되었다. 이것은 '온전하고, 건강하고, 순수하며, 헌신적이고, 분리되어 있고, 하나님께 봉헌된, 따라서 세상의 가치 체계에 충성하지 않는다'는 등의 의미를 담고 있는 번역하기 어려운 단어다. 여기서, 실제로 오늘날 우리에게 그 의미는 그리스도께서 거룩하셨고 지금도 거룩하신 것처럼 '거룩한' 존재가 되는 것이다. 우리 안에 사시는 성령으로부터 지속적인 확인, 가르침, 인도를 받는 삶의 방향 전환은 항상 우리를 거룩하게 만드는 길로 인도한다. 우리는 사복음서뿐 아니라 고린도전서 13장 같은 고전적인 구절들에서도 진정한 거룩함을 볼 수 있다.

베드로는 그의 말을 뒷받침하기 위해 자연스럽게 구약성경(레 11:45과 구약성경 여러 곳)을 인용한다. 우리는 그러한 인용의 필요성을 느끼지 못 할 수 있다. 하지만 그것들은 인간에 대해 일관되고 한결같은 하나님의 목적을 점진적으로 드러내면서 그 목적을 더욱 빛나도록 도울 것이다.

베드로가 기록한 것처럼, 우리는 이제 담대하게 하나님을 '아버지'라고 부를 수 있다. (예수님이 이렇게 가르치셨고, 바울도 계속해서 그렇게 가르쳤다. 롬 8:15를 참조하라.) 그러나 우리가 이제 '아들'이 되었다고 해서, 이 고귀한 부르심 속에는 친근함에 따른 방심은 있을 수 없다. 하나님을 무시하고 '자기가 하고 싶은 일'을 할 수 있다는 생각은 그 지위를 남용하여 자기의 안위와 특권을 삼겠다는 것에 불과하다.

경건한 두려움 즉 경외심을 가져야 하는 또 하나의 매우 설득력 있는 이유가 있다. 우리의 대속을 위해 지급된 대가는 무서울 정도로 크고 측정 불가능한 가치를 지닌다. 오늘날 우리는 범죄적인 악한 상황을 제외하고는 몸값을 지급하는 세상에 거의 살지 않기 때문에, 이러한 개념을 별로 실감하지 못할 수도 있다. 어린이, 사업가, 은행 직원,

또는 정치인이 납치되거나 포로로 잡히는 경우, 일반적으로 돈을 요구하지만 때로는 개인적 또는 정치적 이익을 위해 특정 요구사항이 충족될 때까지 그들은 계속 붙잡혀 있다. 그들은 '몸값'이 지급될 때까지 포로로 남아있다. 그러나 고대 세계에서는 몸값은 매우 중요하며 때로는 생명과 직결된 단어였다. 포로들은 몸값을 지급하고 석방되기도 했고, 노예들은 일반적으로 금이나 은을 지급하여 자유를 얻었다. 해방된 사람들은 기뻐했고 매우 감사했지만, 물론 몸값이 치러진 경우라면 이야기는 달랐다. 일반적으로는 그들의 남은 인생을 은인에게 완전히 헌신하며 살아야 한다고는 생각하지 않았다.

그리스도인의 경우는 이보다 훨씬 더 높은 차원이다. 그의 '몸값'은(막 10:45) 오직 그리스도의 '피' 곧 '생명'밖에 없다. 이는 하나님과 인간 사이의 대속이나 화해에 대한 교리들을 의미하는 것이 아니다. 신약성경은 그 값이 인간의 고상한 사고나 노력을 초월한다는 것에 일치한다. '그리스도 안에서 하나님은 친히 세상과 화해하셨다'(고후 5:19)는 사실을 우리는 오직 겸손하고 감사하게 받아야 한다. 이것은 당시와 마찬가지로 오늘날에도 여전히 진리이다.

과거의 잘못된 생각에서 비롯한 모든 죄로부터 '값이 지불된' 혹은 '구속받은' 사람들이 이기적이거나 악한 목적을 위해 새로운 자유를 남용하는 것은 불가능하다.

'예정된'이라는 표현은 오해를 불러일으킬 수 있다. 여기서 의미하는 바는 하나님이 무한한 지식을 갖고 있으므로, 세상이 시작되기 전에 문제의 복잡성과 그 해결책을 이미 알고 계셨다는 것이다. 인간에게는 자유의지가 있다. 그는 운명에 매여있는 것은 아니지만 언제나 하나님의 영원한 계획 안에 있다. 이 계획은 자신의 삶, 생각, 마음, 영혼, 즉 전인격을 살아 있는 그리스도를 향하여 열어놓는 모든 이들에게 나타난다. 그들은 그리스도를 통해 하나님에 대한 믿음을 발견한다.

'마지막 때'는 문자 그대로 '시간의 끝'을 의미한다. 인류의 존재와 그 역사가 언제 끝날지는 오직 하나님만이 아신다. 이 지구상에서 생명이 시작된 이래 수백만 년의 세월에 비추어 본다면, 우리가 지금 마지막 때를 살고 있다고 생각하는 것에는 무리가 없다. 이 모든 진리의 역사적인 보증은 바로 예수 그리스도의 죽음과 부활에 있다. 크고 작은 모든 진리는 인간의 삶 안에서 궁극적으로 하나님의 이 행위에 종속된다.

여러분의 고귀한 부름에 걸맞게 사십시오 (1:22-25)

> ²²이제 여러분은 진리에 순종함으로써, 형제들을 진심으로 사랑할 만큼 영혼이 깨끗하여졌습니다. 그러니 서로 진심으로 뜨겁게 사랑하십시오. ²³여러분은 이제 죽을 인간이 아니라 하나님의 아들입니다. 살아 계신 하나님의 영원하고 생명력 있는 말씀으로 여러분은 하나님의 불멸성을 상속받았습니다. ²⁴다음 말씀은 사실입니다. '모든 사람은 풀과 같고, 그들의 모든 영광은 들꽃과 같다. 풀은 마르고 꽃은 떨어지지만, ²⁵주의 말씀은 영원하다.' 여기서 언급하는 말씀은 바로 여러분에게 전파된 기쁜 소식의 메시지입니다.

모든 인간은 아무리 보잘것없고 제한적이며 왜곡된 형태일지라도 어느 정도의 사랑은 가지고 있다. 그러나 오직 하나님의 영의 성화와 영감을 통해서만 순전하고 고결한 사랑을 알 수 있다. 우리는 이 사랑을 순전하고 뜨거운 마음으로 실천해야 한다. 하나님이 함께하시면 '모든 것이 가능하다.' 심지어 우리 안의 깨지고 변질된 사랑이라 할지라도 하나님은 변화시키신다.

'상속'에 관하여는 요한일서 3:1-3을 참조하라. 하나님의 말씀 우리의 새로운 신분을 보증한다.

모든 인간의 행함은 멸망을 향하고 있다. 오직 하나님의 말씀만이 영원하며 변하지 않는다.

2장

살아 있는 돌 앞에 나오십시오 (2:1-10)

¹그러므로 악한 마음과 속임수, 가식과 질투, 비방하는 말을 모두 버리십시오. ²여러분은 하나님의 가족으로 갓 태어난 아기입니다. 그러니 구원에 이르도록 여러분을 자라게 할 순수하고 영적인 젖을 간절히 찾아야 합니다! ³이미 주의 선하심을 맛보았다면, 여러분은 그렇게 될 것입니다. ⁴살아있는 돌 앞에 나오십시오. 사람들은 그 돌을 멸시했지만, 하나님은 그 돌을 선택하여 큰 영광을 베푸셨습니다. ⁵그리고 여러분도 살아 있는 돌로서 하나님의 영적인 집을 짓는 데 쓰여야 합니다. 여러분은 그 집에서 거룩한 제사장이 되어 예수 그리스도를 통해 하나님이 받으시는 영적 제사를 드려야 합니다. ⁶성경에는 이에 관한 구절이 있습니다. '보아라. 으뜸가는 모퉁잇돌, 내가 택한 귀한 돌을 시온에 둔다. 그를 믿는 자는 부끄러움을 당하

지 않는다.' ⁷그분을 믿는 여러분에게는 그분이 '귀한' 존재이지만, 하나님께 불순종하는 이들에 관해서는 다음의 말씀이 옳습니다. '건축자들이 버린 돌이 모퉁이의 머릿돌이 되었다.' ⁸그분은 그들에게 '실족하게 하는 돌과 화나게 하는 바위이다.' 그렇습니다. 그들은 하나님의 말씀에 실족합니다. 말씀을 순종하고 싶은 마음이 없기 때문입니다. 그러므로 그들이 걸려 넘어지는 것은 이미 정한 일입니다. ⁹그러나 여러분은 하나님이 '택하신 자손'이며, 그분의 '왕 같은 제사장', '거룩한 나라', '특별한 백성'입니다. 하나님의 백성을 불렀던 옛 호칭은 이제 모두 여러분 것입니다. 이제 여러분은 어둠에 있던 여러분을 놀라운 빛으로 불러내신 선한 그분을 알려야 합니다. ¹⁰과거에는 여러분이 아무런 정체성도 없는 '백성'이었지만, 이제는 하나님의 백성입니다. 과거에 여러분은 그분의 자비를 받지 못했지만, 이제 그분의 자비를 깊이 체험한 사람들입니다.

'모두 버리십시오'라는 말은 인간의 모든 거짓되고 이기적인 감정을 의도적으로 제쳐두라는 의미이다. 그런 감정이 전혀 없는 척하는 것은 또 다른 부정직함일 것이다. 그러나 여전히 수년째 제자리에 있는 듯하여도 그리스도의 능력으로 날마다 그것들은 부인될 수 있다.

모유를 빠는 아기처럼 진리를 흡수해야 한다는 것은 유

대인들에게, 때로는 그리스인들에게 매우 흔한 비유였다. 그러나 이것은 오늘날 많은 그리스도인에게는 다소 낯선 생각일 수 있다. 모든 매체를 통해 세상의 뉴스를 흡수하고, 신문, 라디오 또는 텔레비전에서 끊임없이 즐거움을 찾는 것에 비해, 우리 대부분은 하나님의 진리를 흡수하는 데 얼마나 적은 시간을 사용하고 있는가? 우리의 영적 성장과 '구원'의 완성은 이러한 흡수를 통해 이루어질 수 있다.

그리스도인에게 그리스도는 '살아 있는 돌'이며, 기초석이자 모퉁잇돌이다. 여기서 베드로는 새로 태어난 그리스도인들이 새로운 하나님의 집에 '살아있는 돌'로서 건축되도록 초대하고 있다. 그들은 그 집에서 '거룩한 제사장'이 하나님이 받으실 만한 제사를 드릴 수 있는 구성 요소가 되는 것이다. 이 모든 것은 이사야에 의해 예언되었다(사 28:16). 아마도 여기에서는 베드로가 기억을 더듬어 인용한 것으로 보인다. (시 118:22도 참조하라.)

그 '돌'은 믿는 사람에게는 무한한 가치의 보물이지만, 믿지 않는 사람들에게는 걸려 넘어지는 장애물, 즉 거슬리는 것이다. 여기서 베드로가 명확히 말하는 것처럼, 불신의 실제 이유는 종종 하나님께 순종하지 않으려는 마음에서 비롯된다는 말은 오늘날에는 매우 유행에 뒤떨어지고 심지어는 '사랑이 없는' 태도로 여겨지기도 한다.

구약성경에서 '백성이 아니었던' 이방인들(롬 9:25 참조)은 이제 하나님의 택하신 백성에게 약속되었던 칭호들을 모두 상속받았다. 이런 귀한 약속에 대한 감사의 마음은 어리석은 어두움에서 복음의 '놀라운 빛'으로 부름심을 받은 자답게 그 결과를 삶으로 드러내는 것으로 가장 잘 표현할 수 있다.

세상에서 하는 행동 (2:11-17)

¹¹사랑하는 여러분에게 부탁합니다. 이 세상에서 나그네와 '단기 체류자'로 살아가고, 저급한 본성에서 나오는 욕망을 피해야 합니다. 욕망은 늘 당신의 영혼을 상대로 싸우기 때문입니다. ¹²각자 여러 나라에서 주변 사람들과 살아가는 여러분은 늘 선하고 바르게 처신해야 합니다. 그러면 그들은 여러분을 악하다고 비방하다가도, 여러분이 얼마나 훌륭하게 처신하는지 보고 하나님께 영광을 돌릴 것입니다. ¹³주를 위해, 인간이 만든 모든 권위를 따르십시오. 최고 통치자인 황제이든, ¹⁴악인을 벌하고 선인에게 상을 주도록 황제가 임명한 총독이든 따르기 바랍니다. ¹⁵하나님의 뜻은 어리석은 자들의 무지한 비난을 잠재우는 것입니다. ¹⁶여러분은 자유인이지만, 죄를 지을

> 자유는 없습니다. 하나님의 종답게 사십시오. ¹⁷여러분은 모든 이를 존중하고 형제를 사랑하고, 하나님을 두려워하고 황제를 존경해야 합니다.

'저급한 본성에서 나오는 욕망'이라는 표현은 새로운 윤리적 가르침이 아니다. 최소한 플라톤 시대만큼이나 오래된 것이다. 바울은 로마서 7장, 특히 그 장의 마지막 구절에서 '육체'와 '마음'('영혼'이 아니라) 사이의 싸움을 조금 더 확실히 그리고 신학적으로 더 정확하게 표현한다. 베드로가 여기에서 사용하는 표현은 그 윤리가 얼마나 실천되었는지는 모르겠으나 이방인 세계에서는 익숙한 것일 수 있다.

'여러분의 처신'. 그리스도인들은 그들을 중상하는 다양한 이유로 의심스럽거나 나쁜 평판을 얻기 시작했다. 그럴수록 하나님 앞에서 흠이 없는 삶을 살아야 할 이유가 더욱 커졌다. 정의는 언젠가 반드시 이길 것이며, 그때 그들의 삶은 진정으로 선하다고 판단될 것이다. 오늘날 세상의 거짓된 가치관과 혼재된 우선순위 속에서 우리는 선함과 의로움으로 신실하게 살아야 한다.

그리스도인은 '탈퇴자'나 '무정부주의자'가 되도록 부름을 받지 않았다. 비방과 학대에 대한 최선의 방어는 과거에 그랬던 것처럼 지금도 선한 삶으로 꾸준히 증언하는 것이다. 양심이 허락하는 한, 모든 권위가 하나님으로부터 비롯된다는 근거로 권위에 순종해야 한다. 다만, 예를 들어, 로마 황제가 자신을 신이라 부르며 순종이 아니라 숭배를 요구할 때는 그리스도인들은 완강히 거부해야 한다. 이것이 초기 교회가 가장 잔인하고 끊임없는 박해를 받게 된 주요한 원인이었다.

우리는 오늘날 마땅히 존중과 경의를 표해야 할 법을 준수하는 시민이 되도록 요구받고 있다. 오직 정부나 국가가 하나님의 법을 직접적으로 반박할 때만 그리스도인은 항의하거나, 최후의 수단으로 저항해야 한다. 이런 비폭력적 불복종은 오늘날 세계의 많은 국가에서 여러 용감한 남녀들이 실천해왔고 또 실천하고 있다. 이는 무신론을 공언하는 공동체들뿐만 아니라 소위 기독교 권력 아래에서도 마찬가지다.

집안의 종에게 하는 당부 (2:18-25)

> 18종인 여러분은 존경하는 마음으로 주인에게 복종하십시오. 선량하고 인정 많은 주인뿐 아니라 까다로운 이에게도 복종하기 바랍니다. 19부당한 고난을 받으면서도 하나님을 향한 깨

> 끗한 양심으로 괴로움을 견디는 것은 훌륭한 일입니다. [20]만일 여러분이 받아 마땅한 징벌을 견딘다면, 그것은 칭찬할 만한 일이 아니지요! 하지만 의무를 다했는데도 벌을 받고, 그 벌을 묵묵히 받아들인다면, 그것은 하나님 보시기에 가치 있는 일입니다. [21]실로 이것이 여러분이 받은 부름입니다. 그리스도께서 여러분을 위해 고난을 받으시고, 친히 모범을 보이셨으니 여러분은 그분의 발자취를 따라야 합니다. [22]그분은 어떤 죄도 범하지 않았으며, 어떤 거짓말도 하지 않으셨습니다. [23]하지만 그분은 모욕을 당해도 모욕으로 되갚지 않으시고, 고난 받을 때에도 보복하겠다고 위협하지 않으셨습니다. 그분은 그저 공정하게 심판하시는 이에게 자신의 일을 맡기셨을 뿐입니다. [24]그분은 십자가에서 자신의 몸으로 친히 우리의 죄를 지셨습니다. 우리로 하여금 죄에 대해서는 죽고, 모든 선한 일에 대해서는 살도록 하시려는 것이었지요. 그분이 받은 고난으로 여러분이 치유를 받았습니다. [25]여러분은 수많은 양처럼 정처 없이 방황했지만, 이제 여러분의 영혼을 돌보시는 목자와 보호자에게 돌아왔습니다.

'종들'(servants)은 여기서 가정에서 일하는 종들, 즉 '하인'(domestics)을 가리키며, 반드시 그런 것은 아니지만 노예를 의미할 것이다. 때로는 노예였던 사람들이 자유를 얻은 뒤 주인의 집에서 계속 머물기도 했다.

'까다로운'은 문자 그대로 '사악한'이라는 뜻이다. 여기서 권장되는 거의 불가능한 행동 방식은 성육신하신 그리스도의 삶의 본을 따르는 것으로 어떤 이유에서든 최선의 삶일 것이다.

'이것이 여러분이 받은 부름입니다.' 그리스도께서 '모범을 보이셨다'는 말씀은 신약에서 거의 찾아보기 힘든 구절이지만, 여기서는 확실하게 기록되었다. 우리 중 개인적인 관계, 비즈니스 세계, 심지어 결혼 생활에서 '어려운' 문제를 다뤄보지 않은 사람이 있을까? 이 악한 세상에서 그리스도의 모범에 대한 이 뛰어난 핵심요약을 단순히 읽는 것만으로도 우리 안의 격동하는 영혼을 조금이나마 진정시키는 데 도움이 될 것이다. 예수님은 단지 우리의 모범일 뿐만 아니라 구속자이고 구주이시다. 신약성경은 우리에게 이것을 절대로 잊지 말라고 가르친다.

'십자가에서는'는 '십자가로 향하여' 또는 '십자가로'로 번역될 수 있으며, 이것은 성육신한 사랑이 도달할 수 있는 궁극적인 한계를 표현한다. 여기서 사용된 비유들은 물론 구약성경(특히 이사야 53장을 보라)을 강하게 연상시키며, 죄를 대신 지는 속죄와 희생의 미덕에 관한 모든 가르침을 담고 있다. 이 모든 것들은 예수 그리스도에 의해 완성되었으며 실제로 그 이상으로 대체되었다. 구원 사역에서 화해하도록 하시는 그리스도의 사역을 다양하게 해석할 수 있지만(적어도 열두 가지 이상의 속죄론이 있다), 우리는 자기 정당화의 시도를 멈추어야 한다. 우리는 절대로 할 수 없는 일이 이루어졌다. 수많은 그리스도인이 이 최고의 사랑의 구속을 받아들였고 '하나님과의 평화'를 얻었다. 문자 그대로 다른 길은 없다. 이것은 인간의 자만심을 강하게 내리치지만, 그 누구도 피할 수 없는 구속의 첫걸음이다.

3장

결혼한 그리스도인에게 하는 당부 (3:1-7)

¹아내 여러분도 같은 마음으로 남편에게 순응하기 바랍니다. 그리하여 하나님의 말씀에 순종하지 않는 남편에게 여러분이 아무 말을 하지 않더라도, ²그저 아내 여러분의 순전하고 경건한 행실을 보고 하나님께 돌아오게 하십시오. ³여러분의 아름다움은 공들인 머리 장식과 장신구, 멋진 옷이 아니라 ⁴내면의 인격에서 나와야 합니다. 하나님은 온화하고 부드러운 영혼에 깃든 스러지지 않는 아름다움을 매우 귀하게 보십니다. ⁵이런 아름다움은 하나님을 신뢰하며 남편에게 순종했던 고대의 거룩한 여인들이 지녔던 것입니다. ⁶여러분도 기억하겠지만, 사라는 아브라함에게 순종하고 그를 주인이라고 불렀습니다. 여러분 역시 선하게 살며 극단적인 두려움에 휘둘리지 않는다면, 사라의 참된 후손이 되는 것입니다. ⁷이와 마찬가지로, 남

> 편 여러분도 함께 살고 있는 아내를 이해하도록 노력하십시오. 신체적으로는 더 약하지만 여러분과 동등하게 생명의 은혜를 물려받는 이로서 아내를 존귀하게 여기기 바랍니다. 그렇지 않으면 여러분은 같은 마음을 품고 함께 기도할 수 없을 것입니다.

'순응하다'(adapt yourselves)라는 헬라어 단어는 문자적으로 '아래에 정렬하다'를 의미한다. 아마도 장교가 자기의 상관 아래로 병력을 '정렬하는' 장면을 묘사하는 군사 용어일 것이다. 여기서는 노예 같은 복종이 아니므로 현대적인 영어로 표현하려 했다.

바울이 서신을 통하여 특정한 '안내 지침'을 제시한 고린도처럼, 여러 지역에 흩어져 있던 공동체에서도 불신자들과의 결혼은 흔했을 것이다. 아내의 전도와 선한 영향력은 불신자 남편이 그리스도의 가르침을 '받아들이게'하는 중요한 방법이었다.

'여러분의 아름다움'으로 시작하는 구절은 현대 그리스도인들에게는 매우 당연한 교훈이지만, 당시 기독교로 개종한 이방인들에게는 생소한 생각이다. 고대 세계는 개인의 장신구에 큰 가치를 두었다. 이 짧은 구절은 우리와 관련이 없어 보일 수 있다. 저자가 하려는 말의 요점은 그리스도를 통하여 남자들이 '아브라함의 아들들'이 됨과 마찬가지로, 여성들도 그들의 태도와 행실을 통해 아브라함의 아내인 사라의 진정한 딸들이 될 수 있다는 것이다. 바울은 '그리스도 안에는 남자도 여자도 없다'라고 선언하면서 이 문제를 훨씬 더 높은 차원으로 끌어올린다(갈 3:28).

남편의 권위에 대한 아내의 순종은 자연스럽게 아내에 대한 남편의 이해와 존중으로 이어진다.

'생명의 은혜'는 이 생애에서 하나님이 주시는 아름다움과 기쁨 그리고 은혜를 공유하는 것을 의미할 수 있다. 또는 앞으로 다가오는 생명의 약속에 함께 참여하는 것을 의미할 수 있다.

7절의 끝부분의 '함께 기도하다'라는 구절은 그 자체로 진리이다.

서로 선을 베풀고, 모든 이에게도 그리하십시오 (3:8-12)

> ⁸요약하자면, 여러분은 모두 한마음을 품고, 형제처럼 다정하고 겸손하게 서로 진심으로 사랑하고 응원해야 합니다. ⁹나쁜 짓을 나쁜 짓으로 되갚거나 모욕을 모욕으로 되갚지 마십시오. 오히려 선한 행실로 되돌려 주기 바랍니다. 이는 선한 일

> 을 하고 하나님의 선함을 계승하는 것이 당신의 소명이기 때문입니다. ¹⁰들어보십시오. '생명을 사랑하고 좋은 날 보기를 원하는 자는 악담을 하지 말고, 거짓말을 하지 마라. ¹¹악에서 떠나 선한 일을 하고, 화평을 찾고 구하라. ¹²주는 의로운 이들을 굽어보시고, 그들의 간구에 귀를 기울이신다. 그러나 주의 얼굴은 악한 일을 하는 자들을 적대한다.'

그리스도인 공동체는 새로운 정신으로 충만해야 한다.

'겸손한'은 신약성경의 다른 곳에서 찾아볼 수 없는 헬라어 형용사로 이는 번역하기가 어렵다. 아마도 '겸손한 마음'이라는 표현이 원래 의미에 조금 더 가까울지도 모른다.

'나쁜 짓을 나쁜 짓으로 되갚거나…' 이 부분은 예수님의 가르침을 반영한 것이다(마 5:43-48).

10-12절은 구약의 헬라어 번역본인 칠십인역 성경의 시편 34:12-16에서 인용한 것이다. 헬라어로 '생명을 사랑하고'는 영어보다 조금 더 강한 의미이다.

고난을 받아도 선한 일을 하십시오 (3:13-22)

> ¹³여하튼 선한 일에 마음을 쏟는다는 이유로 누가 여러분을

해치겠습니까? ¹⁴그러나, 만약 선하게 살기 때문에 괴로움을 겪는다면, 여러분은 복 있는 사람입니다. 사람들의 위협을 두려워하거나 염려할 필요가 없습니다. ¹⁵⁻¹⁶그저 마음을 다해 그리스도께 온전히 헌신하십시오. 여러분이 소망을 품은 이유를 알고 싶어 하는 이가 있으면 언제든지 차분하고 경건하게 답할 수 있도록 준비하십시오. 온전히 깨끗한 양심을 품으십시오. 그러면 사람들이 여러분을 악하다고 비방하다가도, 여러분의 그리스도인다운 선한 행실을 보고 부끄러움을 느낄 것입니다. ¹⁷여러분이 고난 받는 것이 하나님의 뜻이라면, 나쁜 일보다 선한 일로 고난을 받는 편이 낫습니다. ¹⁸의로우신 그리스도께서 우리를 하나님께로 인도하시려고 불의한 우리를 위해 고난 받으셨다는 것을 기억하십시오. 이는 곧 몸의 죽음을 뜻하지만, 그분은 영으로 다시 살아나셨습니다. ¹⁹감옥에 갇힌 영혼들에게 가서 전파한 것은 영으로 하신 일이었습니다. ²⁰이는 노아의 시대에 불순종했던 자들의 영혼들입니다. 하나님은 방주가 완성되는 동안 오래 참으셨지만, 결국 여덟 영혼만이 홍수에서 구원을 받았습니다. ²¹그 홍수는 오늘날 여러분을 구원하는 세례의 물을 상징하는 일종의 예언적인 비유였습니다. 세례는 그저 더러운 몸을 씻는 의미가 아닙니다. 오히려 세례는 하나님을 향한 깨끗한 양심의 간구이며, 이는 그리스도의 부활의 능력으로 가능해진 일입니다. ²²이제 그분

> 은 하늘에 올라 하나님의 오른편에 앉으셨으며, 모든 천사와 권세와 능력이 그분께 복종합니다.

이 당시에는 기독교 신앙을 공개적으로 실천하는 것이 아마도 불법이었겠지만 기소가 시작되려면 반드시 '고발자'가 필요했으며, 이런 일은 일어날 가능성이 매우 낮았다. 그러므로 기쁨과 소망으로 가득 찬 선한 준법 생활은 그리스도인에게 있어 최선의 태도였다.

'차분하고 경건하게 답함'. 오늘날에도 일부 기독교인들은 오만하고 거만하다. 그들은 자신들만 진실을 알고 있고 믿지 않는 사람들을 경멸하기도 한다. 하지만 이것은 그리스도의 신앙의 진정한 표현이 아니다. 다른 사람의 '우월한' 태도로 인해 그리스도를 믿게 된 사람은 아무도 없기 때문이다. 그리스도인의 행동은 그가 속한 공동체에서 흠잡을 데가 없어야 한다. 이러한 삶은 오직 그리스도의 능력으로만 가능하며, 이는 그분이 죽음을 이기시고 영광 가운데 부활하심으로 입증되었으며, 지금은 그분을 믿는 모든 사람의 마음 가운데 작동하고 있다.

'낫습니다'. 이 말은 여기서 사용하기에 이상하게 보일 수 있지만, 예수님의 가르침(마 5:10)과 그분의 모범과 완벽하게 일치한다. 악은 절대로 악으로 이길 수 없고, 그 대가는 매우 크다. 이것은 오직 그리스도의 능력으로만 가능하다. '선으로 악을 이겨라!'(롬12:21).

육체적인 죽음이 그리스도를 정복한 것처럼 보였지만, 그분은 영적으로 죽음을 이기셨다.

베드로는 여기서 예수님의 시신이 무덤에 있던 이틀 반 동안, 예수님이 '영으로' 이전 시대에 살다가 죽었고 지금은 하데스 또는 스올에 갇혀 있는 사람들에게 가서서 하나님의 사랑의 메시지를 선포하셨다고 주장한다. 따라서 그들은 회개하고 살아계신 하나님께 돌아갈 기회를 얻었다고 말한다. 일부 사람들처럼 이것을 단지 신화로 치부하기 전에, 우리는 이 지구의 '공간과 시간' 밖의 삶에 대해는 아무것도 모르고 있다는 것을 기억하는 것이 좋다. 이곳을 벗어나면 '시간'도 '공간'도 어떠한 의미도 없게 된다. 따라서 베드로는 그의 인간적인 한계 내에서, 실제로 일어난 그러나 매우 신비로운 사건을 최선을 다해 전하려 했던 것일 수 있다.

노아를 떠올리면서 베드로는 보다 익숙한 생각으로 되돌아온다. 그에게 대홍수의 물은 세례의 물을 예표하는 것이었다. 물로 씻는 것은 몸을 깨끗하게 하는 것 이상을 의미하며, 하나님에 대한 정결한 내적 태도의 외적인 표시이다. 이것은 기적이다. 이는 예수님을 죽음에서 살리시고,

인간의 언어로 더 나은 말이 없어 '천국'이라고 부르는 그 영원한 나라에서 예수님의 능력과 권세를 완전히 회복시키셨던 그 능력에 의해 가능하다. 우리 대부분은 이 권능에 대한 경험적인 지식이 부족한 것 같다. 신약성경의 페이지마다 이 능력은 반짝반짝 빛나고 있으며, 그리스도는 영원히 동일한 분이시다.

4장

그리스도를 따르는 일은 고통을 의미합니다 (4:1-6)

¹그리스도께서 육체의 고난을 겪으셨으니, 여러분도 똑같이 그분이 품으셨던 내면의 각오로 무장해야 합니다. 육체적 고난을 받는다는 것은 죄에서 벗어남을 의미합니다. ²이 점을 받아들이는 사람은 남은 생애 동안 인간적인 욕망을 좇지 않고 하나님의 뜻대로 살아갈 것입니다. ³여러분은 지난날 이방인으로 살 만큼 살았습니다. 방탕하고 육욕에 빠지고 술 취하고 유흥에 빠져 잔치에서 흥청거리고 금지된 신들을 숭배했지요. ⁴전에 여러분과 어울리던 이들은 여러분이 더이상 방종하게 살지 않는 것을 이상히 여기고, 여러분에게 온갖 모욕적인 말을 퍼붓기도 할 것입니다. ⁵그들이야말로 산 자와 죽은 자를 모두 심판하실 하나님 앞에서 자신이 한 일에 책임을 져야 할 것입니다. ⁶그래서 죽은 이들에게도 기쁜 소식이 전파되었습

> 니다. 그들이 육신으로 살았던 삶에 대해서는 유죄 선고를 받아야 하지만, 영으로는 하나님의 뜻에 순종하여 생명을 얻을 수 있기 때문입니다.

'그리스도께서 고난을 겪으셨다.' 이는 그리스도의 죽음에 관한 생각이 더욱 확대된 것이다. 아버지의 뜻에 완벽하게 순종하는 그리스도의 길은 신체적, 정신적, 그리고 영적인 고통을 의미했으며, 이는 극심한 고통의 지점까지 이르는 수치스럽고 가혹한 죽음을 의미했다. 그의 제자들도 비록 방식은 다르지만 비슷한 고난을 감당할 것을 각오해야 한다. 세례를 통해 죄를 회개하는 것은 하나의 중요한 사건이지만, 실제로 죄로부터의 자유를 얻는 삶은 육체의 기본적인 필요와 아직 변화되지 못한 마음과 영혼의 끈질긴 욕망과의 고통스러운 갈등을 의미한다. 어떤 이들에게는 이것이 끊임없는 일상의 싸움이지만, 또 어떤 이들에게는 내적 태도의 근본적인 변화가 비교적 쉽게 이루어지는 것처럼 보인다. 그러나 누구에게나 고통 없이는 승리는 없다. 이와 같은 평생의 갈등에서 긍정적인 측면은 어떤 대가를 치르든지 '하나님의 뜻'을 행하는 것이다. 당신이 이방인으로서 믿음을 가지기 전의 과거에는 탐욕을 위한 '충분한 시간'이 있었지만, 이제 새롭게 눈을 뜬 당신의 상황은 이전과는 완전히 다르다.

당신의 변화된 삶은 당신이 살아가는 주변의 이방인들에게 놀라움과 적대감을 일으킬 수 있다. 그러나 걱정할 필요는 없다. 모든 사람은 하나님의 뜻에 따라 모두의 심판자로 세워진 그리스도의 심판을 받게 될 것이다. 걱정해야 할 사람은 하나님과 이미 화해한 당신이 아니라 불경건한 이방인들이다.

6절은 3:19-20을 다시 언급하는 것으로 보인다. 하지만 이 구절은 여러 의미로 해석되었다. 이것은 아마도 '당신들은 하나님께서 원하는 삶을 살기 위해 이런 고난을 겪는데, 왜 우리처럼 죽어야 하나요?'라는 이방인들의 질문에 대한 기독교인의 응답 중 일부였을 것이다. 초기 신자들은 실제로 육신으로는 죽을지라도 영으로는 확실하게 예수의 부활에 참여한다고 대답했을 것이다. 그들은 하나님의 영원한 생명으로 살아 있을 것이다. 여기서 저자는 이미 죽은 사람들조차도 부활하신 그리스도의 복음이 선포되었을 때 이 '생명'을 얻는 기회를 얻었다고 말하고 있는 것 같다.

마지막 때를 사는 태도 (4:7-11)

> 7이제 만물의 마지막이 가까우니 여러분은 차분히 절제하며 기도하십시오. 8사랑은 허다한 죄를 덮어준다는 것을 기억하고 무엇보다 서로 깊이 사랑하십시오. 9진심으로 서로 환대하십시오! 10각자 하나님께 받은 고유한 은사를 사용해 서로 섬기십시오. 하나님이 놀랍도록 다채롭게 베푸시는 은혜를 신실하게 나누십시오. 11여러분 가운데 설교자가 있다면 하나님께 받은 메시지를 전하는 사람답게 전하십시오. 어떤 식으로든 교회를 섬기는 사람은 우리에게 그 힘을 주시는 분이 하나님이라는 사실을 알고 그 일에 임하십시오. 이는 매사에 그리스도 예수를 통해 하나님께 영광을 돌리기 위함입니다. 영광과 권세가 그분께 영원히 있을 것입니다. 아멘!

저자는 당연히 자신의 이해와 지각의 한계를 넘어선 것들에 대하여 알 수 없다. 다른 신약성경의 기자들처럼 그는 모든 것의 종말이 가까웠다고 생각했지만 그렇지 않았다. 그러나 우리가 '시간'이라 부르는 것의 끝에서 그리스도께서 인류의 역사 속으로 관통하여 다시 나타날 것이라는 소망은 여전히 기독교 신앙의 본질적인 부분으로 남아 있다. '시간과 때'를 알았다고 생각했던 이들의 어리석음에도 불구하고 그 소망은 여전히 남아 있다.

어떤 위기에서든, 심지어 마지막 순간에도 그리스도인의 태도는 '차분함'과 '절제'여야 한다. 이것은 기도를 통해 유지된다.

무엇보다도 서로에 대한 진정한 '사랑'이 유지되어야 한다. '사랑은 덮어준다'는 표현은 잠언 10:12의 "미움은 다툼을 일으켜도 사랑은 모든 허물을 가리느니라"를 떠올리게 한다. 이는 깊은 사랑의 분위기 속에서는 적개심이 사라지고 오만함은 사라진다는 뜻이다. 미움의 분위기에서는 더 정죄 받았을 과실이 사랑 안에서는 축소되고 간과되며 용서받게 된다.

사랑의 표현은 하나님의 '놀랍도록 다채롭게 베푸시는 은혜'를 통해 그분께 받은 은사를 실천하는 것뿐만 아니라, 인색함 없는 환대와 같은 평범한 일에서도 드러나야 한다. 사람들이 자신의 능력이 하나님께로부터 온다는 것을 항상 인식한다면, 그 영광은 사람이 아닌 하나님께 돌아가게 된다. 이것은 분명히 올바르고 합당할 뿐만 아니라 건전한 마음의 태도를 형성한다.

박해에 대처하는 태도 (4:12-19)

¹²사랑하는 형제 여러분. 불같은 시련이 찾아와 여러분의 믿음을 시험할 때, 당황하거나 너무 놀라지 않기를 바랍니다. ¹³이는 여러분이 그리스도의 고난에 참여하고 있다는 뜻이므로 기뻐해야 합니다. 훗날 그분이 빛나는 모습으로 나타나시면, 여러분은 한없이 기뻐할 것입니다. ¹⁴여러분이 그리스도를 따른다는 이유로 비난을 받는다면, 기뻐하십시오. 영광스러운 하나님의 영이 확실히 여러분에게 머물고 있기 때문입니다. ¹⁵그러나 여러분은 누구도 살인자나 도둑, 불량배나 방해꾼이 되지 않도록 주의하십시오! ¹⁶그리스도인으로서 고난을 받으면 부끄러워할 일이 전혀 없고, 그리스도의 이름을 고백하며 하나님께 영광을 돌릴 수 있을 것입니다. ¹⁷하나님이 심판을 시작하실 때가 분명히 이르렀습니다. 하나님은 자신의 집안부터 심판하십니다. 우리부터 심판을 받는다면, 하나님의 기쁜 소식에 순종하지 않는 이들이 받을 심판은 어떠하겠습니까? ¹⁸선한 사람도 간신히 구원을 받는다면, 악한 자들과 죄인들은 어떤 최후를 맞겠습니까? ¹⁹그러므로 하나님의 뜻대로 고난 받는 이들은 제 영혼을 신실하신 창조주께 온전히 의탁하면서, 힘닿는 데까지 모든 선한 일을 계속해 나갈 수 있습니다.

이 구절들은 급하게 추가된 추신일 수 있다. 아마도 로마에 있던 베드로는 박해의 정도가 '격화'될 것이며, '불같은 시련'(반드시 문자 그대로 이해될 필요는 없음)이 흩어져 있는 어린 교회들에게 곧 닥칠 수도 있다는 것을 알고 있었을 것이다. 1:6-7에서 언급된 믿음의 시험처럼, 박해의 시련은 믿음과 신실함을 시험하고 정화할 것이다.

'그리스도의 고난'. 여기서는 지상에서 예수님이 겪으신 고난이 아니라, 부활하신 그리스도께서 교회의 머리로서 겪는 고난을 의미한다. 그분과 그리스도인들은 매우 긴밀한 공감대를 갖는다. 우리가 그리스도를 위해 고난을 받을 때 그분은 우리와 함께 고난을 받으시고, 우리도 그분과 함께 고난을 받는다. 이 부분은 우리가 진지하게 묵상할 가치가 있다.

'한없이 기뻐함'. 언젠가 우리는 그리스도를 위해 겪는 모든 고난과 박해의 목적과 가치를 보게 될 것이다. 그때는 분명히 알 수 있겠지만, 사실 지금도 그것은 '기쁨'의 이유이다. 우리가 담대하고 기쁘게 고난을 받을 때, '영광스러운 하나님의 영'이 우리 위에 머무실 것이다. 비록 그렇게 느껴지지 않거나 그렇게 보이지 않을 수도 있지만, 이것은 본질적인 진리이다.

고난의 시기에는 그 기준들이 혼란스럽고 법과 질서가

붕괴한 것 같이 보인다. 그때는 가장 인간다운 행동의 일반적인 기준마저 잃어버리기 쉽다. 전쟁의 공포와 포로수용소의 극심한 가혹함 가운데 실제로 이런 일이 일어났다. 그리스도인이 자신에게 허용해야 하는 유일한 '법위반'은 도전받았을 때 그리스도에 대한 믿음을 담대하게 고백하는 것뿐이다.

베드로는 다가오는 믿음과 불신 사이의 갈등, 로마 제국의 힘과 무장하지 않은 어린 교회들의 굳건한 충성심 사이의 갈등을 '하나님의 심판'으로 보았다. 그러한 사상이 널리 퍼져 있는 구약성경을 보고 자란 그는 당연히 그렇게 생각했을 것이다. 이러한 심판은 '하나님의 집안', 곧 교회의 시련으로 시작될 것이다. 신실한 신앙을 유지하며 '힘닿는 데까지 모든 선한 일을 계속'해야 하는 믿음의 사람들에게는 너무나 어려운 일이 될 것이다. '악한 자들과 죄인들은 어떤 최후를 맞겠습니까?' 이 수사적인 질문에 베드로도 우리도 대답할 수 없다.

5장

리더들에게 당부하는 말 (5:1-4)

¹이제 장로들에게 같은 장로로서 한 말씀 드려도 되겠습니까? 그리스도께서 고난 받으시는 모습을 목격했고, 장차 드러날 영광을 함께 누릴 자로서 권면합니다. ²여러분이 맡은 하나님의 양 떼를 의무감으로 보살피지 말고, 하나님이 바라시는 대로 자원하는 마음으로 보살피기 바랍니다. 보상을 생각하지 말고, 긍휼의 마음으로 보살피십시오. ³군림하겠다는 목표가 아니라, 여러분이 맡은 양 떼에게 그리스도인답게 사는 본을 보이겠다는 목표를 세우십시오. ⁴그러면 목자장이 나타나실 때, 시들지 않는 영광의 월계관을 받을 것입니다.

'장로'(an elder). 베드로는 장로로서 겸손하게 글을 쓰고 있다! 그는 이 시점에서 이미 많은 존경과 영예를 얻었다.

우리가 그에 대한 로마 가톨릭교회의 주장을 받아들일 수는 없지만, 그가 의심할 여지 없이 로마에서 큰 영적 권위를 가지고 있었음은 분명하다.

'장로들'(fellow-elders). 이들은 지역 교회의 장로들이었다. 헬라어 단어 '프레스부테로이'(*presbuteroi*)는 단순히 '장로들'을 의미하지만, 이 장만 보아도 이미 권위 있는 신분이 되어 금전적 보상을 받았던 것으로 보인다. '장로'(presbyter)와 나중에 성공회의 '사제'(priest)는 모두 헬라어 '프레스부테로스'(*presbuteros*)에서 유래했다.

이런 사람들은 그들의 양 떼를 기꺼이 그리고 긍휼함으로 '목양'하도록 권고받았다. 그들은 권력이나 사익을 추구하지 말아야 하며, '그리스도인답게 사는 본'이 되는 것을 목표로 삼아야 한다.

'목자와 그의 양 떼'라는 개념은 구약에서 많이 등장한다(시편 23편을 기억하라). 그리고 이것은 요한복음 10장의 말씀에서 그리스도에 의해 이어졌다. 이제, 영광 가운데 부활하신 예수님이 '목자장'이 되시고, 그는 믿음을 지킨 사람들에게 상을 주실 것이다.

겸손히 신뢰하는 법을 배우십시오 (5:5-7)

> ⁵청년 여러분도 장로의 권위에 따라야 합니다. 여러분은 모두 서로 존중하고, 겸손을 '덧입고' 서로 섬기십시오. 하나님은 늘 교만한 자를 적대하지만, 겸손한 이에게는 기꺼이 은혜를 베푸십니다. ⁶그러니 하나님의 강한 손을 의지하여 자신을 낮추십시오. 때가 이르면, 그분이 여러분을 높이실 것입니다. ⁷모든 근심을 그분께 맡기십시오. 그분은 여러분을 친히 보살피십니다.

'덧입고'(overall). 여기서 필자는 '겸손이라는 옷을 완전하게 입는다'라는 의미를 전달하기 위해서 언어적 유희를 사용해 이렇게 번역했다. 교만한 자들은 작업복(overalls)을 입지 않는다. ('overall'은 영어를 쓰는 저자가 상하 일체로 입는 작업복[overalls]을 연상하도록 번역한 것이다. 역자주)

'교만한 자를 적대하다'는 문자 그대로 '하나님은 교만한 사람들을 일관된 방식으로 대적하신다'라는 뜻이다. 이것이 하나님의 영구적인 태도다.

'모든 근심을 그분께 맡기십시오'. 여기서 사용된 동사는 격렬한 것으로, 더는 참을 수 없는 짐을 벗어 버리는 사람을 묘사한다.

'친히 보살피심'. 우리는 오늘날 베드로가 상상조차 할 수 없었던 훨씬 더 크고 광대한 하나님과 그분의 피조물에 대한 개념을 가지고 있다. 그러나 그 대가는 각 사람이 하나님의 친밀한 보살핌을 믿는 것이 훨씬 어려워진다는 것이다. 그것은 사람에게는 어려운 일지만, 무한한 지혜와 사랑을 가진 하나님께는 문제가 되지 않는다! 이것을 가장 생생한 언어로 의역한 것은 '하나님은 여러분에 대해 관심을 가지신다'(It matters to him about you)일 것이다. 하지만 이와 똑같은 구절은 성경에서 찾아볼 수 없다.

여러분은 하나님의 손안에 있으니
마귀를 대적하십시오! (5:8-11)

> ⁸늘 절제하고 경계하십시오. 여러분의 대적 마귀는 늘 먹잇감을 찾는 사자처럼 으르렁대며 돌아다닙니다. ⁹믿음에 굳게 서서 그를 대적하십시오. 다른 지역의 동료 그리스도인들도 모두 똑같이 고난을 받고 있음을 기억하기 바랍니다. ¹⁰이런 고난을 잠시 견디고 나면, 모든 은혜의 하나님, 그리스도를 통해 영원한 영광을 나누도록 여러분을 부르신 이가 친히 여러분을 온전하고 견고하게 해주실 것입니다. ¹¹모든 권세가 영원히

> 그분께 있습니다. 아멘

'먹잇감을 찾아 으르렁대며'는 '누군가를 삼키려고 두리번거리며'라는 뜻이다. 배회하는 맹수에게 희생되는 것은 언제나 무리에서 가장 약한 것들이다. 그러므로 기도와 경계, 그리고 마귀의 힘에 대한 굳건하고 지속적인 저항을 통하여 안전할 수 있다. 이 세상 모든 그리스도인은 이 싸움의 긴장감을 어떤 형태로든 공유하고 있다. 우리는 오늘의 세상에서 이 현실을 피할 수는 없다.

'여러분을 온전하게 하다'는 문자 그대로 '여러분을 바로 세우시다'(adjust you)라는 의미로 해석된다. 살아계신 하나님의 성령은 그의 인도하심에 민감한 그리스도인들을 항상 다듬고 세워가신다. 아마도 베드로는 여기에서 최종적인 '온전케 하심', 즉 우리가 모두 천국에서 완전하게 될 것을 말하고 있을 것이다.

끝인사 (5:12-14)

> ¹²내가 신실한 형제로 여기는 실루아노를 통해 이 짧은 편지를 보냅니다. 여러분의 믿음을 격려하고, 내가 말한 내용이 하

> 나님의 참된 은혜라는 것을 확신시키기 위해서입니다. 그 은혜에 견고히 서도록 하십시오! ¹³이곳 '바벨론'에 있는 자매 교회가 여러분에게 안부를 전하며, 내 아들 마가도 안부를 전합니다. ¹⁴사랑의 표시로 다 함께 악수를 나누십시오. 모든 참 그리스도인에게 평화가 있기를 빕니다.

'실루아노'라는 이름은 헬라어 '실라'의 라틴어 형태다. 그가 사도행전에서 언급된 실라라면, 그는 바울의 선교여행의 동행자였고, 바울이 데살로니가 교회에 보낸 두 통의 편지에서 그의 이름이 언급되었다. 실라는 아마도 베드로의 비서로서 실제로 이 편지를 기록했을 것으로 보이며, 바울을 위해 글을 대신 기록한 적도 있었을 것이다.

'바벨론'이라는 실제 도시는 이미 오래전에 사라졌다. 그러나 이는 유대인들에게는 흔히 이방 도시의 전형적 상징으로 사용되었다. 베드로의 모든 독자는 그가 로마와 그곳의 교회를 가리키고 있다는 것을 알았을 것이다.

'내 아들 마가'라는 말은 단순히 애정 어린 호칭으로, 바울이 디모데와 디도에게 사용했던 것과 같은 표현일 가능성이 크다. 이 인물이 복음서와 사도행전에 등장하는 마가 요한이라는 것에 의문을 가질 이유는 없다.

'악수'는 본래 문자적으로 '입맞춤'을 의미하지만, 현대인들에게는 다소 어색하게 느껴질 것을 고려하여 이렇게 옮겼다. '그리스도인의 사랑의 입맞춤'은 신약 서신서에서 여러 번 나타나지만, 교회가 작은 공동체에서 더 크고 복잡한 조직으로 성장함에 따라 이후에는 더는 사용되지 않게 되었다.

'평화'. 이는 유대인들의 오래된 인사말이었으나, '하나님과의 평화'와 '모든 이해를 뛰어넘는 평화'를 이해하고 있었던 그리스도인들에게 새로운 의미를 갖게 되었다.

The Second Letter of Peter

베드로후서

1장

> ¹예수 그리스도의 종이자 메신저 시몬 베드로는 우리처럼, 우리 의로운 하나님과 구주 예수 그리스도를 믿는 귀한 믿음을 받은 이들에게 편지를 보냅니다. ²하나님과 우리 주 예수를 아는 지식이 깊어지고, 더욱 큰 은혜와 평안을 누리기를 빕니다. (1:1-2)

'종이자 메신저'. 이는 문자 그대로 '노예와 사도'를 의미한다. 극도의 겸손과 하나님의 위임을 동시에 담은 이 표현은 바울도 사용했다.

'의'. 여기서는 공의로우신 하나님의 성품을 의미하거나, 그분에 의하여 신자의 삶에 드러나는 '의'일 것이다.

'하나님과 우리 주'는 문법적으로 모두 예수 그리스도를 가리킬 수 있지만, 아마도 여기서는 아버지이신 하나님과 아들 예수 그리스도를 의미하는 것으로 보는 것이 타당하다.

'더욱 큰'. 이것은 베드로전서 1:2의 반복으로 여기에서는 더 깊은 '지식'을 위한 기도가 덧붙여졌다. 헬라어 '에피그노시스'(*epignosis*)는 '인식', '이해'를 의미한다.

하나님은 그분의 역할을 다하셨으니
여러분도 자신의 역할을 다하십시오 (1:3-11)

³그분은 자신의 행동으로 우리에게 진정으로 좋은 삶을 사는 데 필요한 모든 것을 주셨고, 우리를 부르신 분을 그의 영광스러운 선함을 통해 알게 해 주셨습니다. ⁴이처럼 관대한 그분 덕분에 우리는 하나님의 가장 위대하고 귀중한 약속을 받았습니다. 이에 정욕이 세상에서 필연적으로 일으키는 분열에서 벗어나 하나님의 본질적인 성품을 공유할 수 있게 되었습니다. ⁵그러므로 여러분도 최선을 다해야 하고, 믿는 대로 정말 선하게 살아야 합니다. 선하게 살려면 알아야 하고, ⁶알려면 절제해야 하고, 절제하려면 참아야 하지요. 참으려면 늘 하나님께 헌신해야 합니다. ⁷하나님께 헌신한 뒤에는 형제를 사랑해야 하고 그리스도의 사랑까지 이어져야 하지요. ⁸만일 여러분의 마음에 이런 성품이 있고, 그 성품이 자라고 있다면,

> 이는 여러분이 우리 주 예수 그리스도를 알게 된 후 무사안일에 빠지거나 열매 없는 이들이 되지 않았다는 뜻입니다. ⁹이런 성품이 보이지 않는 이는 눈이 멀었습니다. 그는 눈을 꼭 감고 이전에 지은 죄가 씻겼다는 것을 잊어버렸습니다. ¹⁰그러니 하나님이 여러분을 부르고 선택하셨다는 사실을 행동으로 증명하는 데 마음을 두십시오. 이 길을 계속 따르면, 실족할 이유가 없습니다. ¹¹실로 여러분이 이렇게 살면, 우리 구주 예수 그리스도의 영원한 나라에 들어갈 때 풍성한 환대를 받을 것입니다.

구원을 가능하게 하는 것은 하나님의 '관대하심'이다.

'정욕'. 여기서 가장 넓은 의미로 사용되며, 인간 사회의 붕괴로 이어지는 '이기적인 탐욕'을 뜻한다.

'여러분도 최선을 다해야 한다'. 하나님의 사랑과 관대함만으로는 충분하지 않다. 인간은 온 힘을 다해 반응해야 한다.

이 엄청난 덕목들의 목록(6, 7절)은 천천히 읽어볼 가치가 있다. 오늘날 헌신된 그리스도인들의 삶에서도 이러한 모습을 볼 수 있다.

'마음에 이런 성품이 있고, 그 성품이 자라고 있다'. 참된 그리스도인은 이러한 성품들을 영구히 지니고 있고, 성장함에 따라 그 성품들도 성장한다.

'보이지 않는 이'. 아마도 '혹은 근시안'이라는 뜻을 덧붙이는 것이 더 적절할 수 있다. 이런 사람은 자신의 과거에 대해 '망각'한 것이다(헬라어로 다소 특이한 표현이다).

'마음을 두십시오'. 그리스도인의 초점은 그리스도인다운 삶에 있으며, 그 길 끝에서 그는 영원한 왕국으로 '풍성한 환대'를 받을 것을 확신한다.

진리는 반복해서 말해야 합니다 (1:12-19)

> ¹²그러므로 여러분은 이미 이것들을 알고 있고, 여러분에게 이른 진리 위에 서 있지만, 나는 여러분을 거듭 일깨울 것입니다. ¹³내가 이 육신이라는 임시 처소에 사는 한, 여러분을 일깨우며 독려할 것입니다. 이것은 내 의무입니다. ¹⁴주 예수 그리스도께서 분명히 이르신 대로, 나는 육신을 곧 떠나야 합니다. ¹⁵그래서 내가 떠난 후에도 여러분이 기억할 수 있게, 모든 기회를 십분 활용하려 합니다. ¹⁶여러분에게 이야기한 우리 주 예수 그리스도의 능력과 임재는 교묘하게 지어낸 이야기가 아닙니다. 우리는 그분의 위엄을 두 눈으로 직접 보았습니다. ¹⁷하늘의 영광이 장엄하게 비치고 "이는 내가 사랑하는 아들

이니, 나는 그를 무척 기뻐한다"라는 음성이 들렸을 때, 그분은 아버지 하나님이 주시는 존귀와 영광을 받으셨습니다. [18]우리는 그 거룩한 산에서 그분과 함께 있을 때 하늘에서 울리는 음성을 실제로 들었습니다. [19]그래서 우리는 예언의 말씀을 더욱 확실히 마음에 새깁니다. 그 말씀은 어두운 세상에서 등불처럼 빛날 것이니, 동이 트고 새벽별이 떠오를 때까지 여러분은 그 말씀에 세밀히 귀를 기울여야 합니다.

'임시 처소'. 이것은 글자 그대로 '장막' 혹은 '네모반듯한 구역'을 의미한다. 이러한 이미지는 고린도후서 5:1의 바울의 설명을 따른 것이다. 아마도 변화산의 이야기를 이어 가는 것으로 보아, 베드로가 그때 세우려고 했던 '장막들'과의 연관성이 있을 수 있다. 그는 이제 진정한 '장막'이 그의 육체임을 알고 있다.

'주 예수 그리스도께서'. 이것은 베드로의 죽음에 관한 어떤 개인적인 메시지를 암시하고 있다. 바울도 비슷한 암시를 받은 것으로 보인다. (빌 1:3-25을 참조하라.)

'우리는 직접 보았습니다'. 목격자가 있다면 '교묘하게 지어낸 이야기'는 필요 없다. 게다가, 그 경험은 하늘에서 들려온 음성에 의해 확증되었다.

'예언의 말씀'. 이것은 하늘에서 들려왔거나 주님의 이름으로 보냄을 받은 선지자들에 의해 전달된 하나님의 말씀을 의미한다.

사이비 선지자들이 활개 치겠지만, 잠시뿐입니다 (1:20-21)

> [20]그런데 여러분이 알아야 할 가장 중요한 점이 있습니다. 성경의 어떤 예언도 한 사람의 생각으로 해석될 수 없습니다. [21]어떤 예언도 사람의 뜻에서 나온 것은 없습니다. 하나님의 사람들이 성령의 감동을 받아 말씀을 전한 것이기 때문입니다.

'한 사람의 생각으로'. 즉 '어떤 예언도 혼자 힘으로 해석해서는 안 됩니다.' 하나님의 모든 진실한 말씀은 이전에 하나님께서 말씀하셨던 것과 현재 말씀하고 계신 맥락에서 바라보고 해석되어야 한다.

2장

¹하지만 그 시대에도 백성 중에 사이비 선지자들이 있었습니다. 오늘날에도 여러분 중에 사이비 선생들이 나타날 것입니다. 그들은 위험한 이단을 교묘히 소개하여 자기를 속량하신 주를 부인할 것이지만, 머지않아 스스로 자멸할 것입니다. ²많은 이가 극악한 부도덕으로 진리의 길에 불명예를 끼칠 것입니다. ³이들은 개종자들을 얻으려는 욕심에, 거짓 주장으로 여러분까지 속여 이용하려 들 것입니다. 그러나 그들은 오래전에 내려진 심판을 받아 몰락을 면하지 못할 것입니다. ⁴하나님은 죄를 범한 천사들을 용서하지 않고, 그들을 내쫓아 심판의 날까지 어두운 지옥에 가두셨습니다. ⁵그분은 또한 옛 세상을 용서하지 않으시고 오직 홀로 의를 구하며 부르짖은 노아와 일곱 사람만 구원하시고 악한 세상을 홍수로 심판하셨습니다. ⁶하나님은 소돔과 고모라에 파멸을 선고하고 도시를 잿더미로 만들어 자신의 법에 반항하며 살아가려 하는 이들에게 무

> 서운 본보기를 보여주셨지만, ⁷의로운 사람 롯은 건져내셨습니다. 그는 불경건한 자들이 추악하게 사는 모습에 정신적으로 심히 괴로웠습니다. ⁸기억하십시오. 롯은 선량한 사람이었습니다. 날마다 그들의 무법한 행실을 보고 들으며 영적인 고통을 겪고 있었지요. ⁹그러므로 여러분은 주께서 유혹에 둘러싸인 선량한 이들을 어떻게 건져내실지, 사악한 자들을 심판하는 날까지 유보하여 어떻게 처벌하실지 절대적으로 확신할 수 있습니다.(2:1-9)

이 장의 기자는 거짓 선생들에 대한 분노에 휩싸여 있다. 그에게 있어 그들은 모두 부도덕하고, 오만하며, 거짓되고, 탐욕적이다.

'천사들을 용서하지 않고…'. 이 편지의 기록자는 유다서를 염두에 두고 있었던 것으로 보인다(유다서 6-11절을 참고하라). 그는 노아 시대와 소돔과 고모라가 완전히 파괴된 롯 시대에 나타난 하나님의 심판을 인용한다. 만일 이 편지가 베드로전서처럼 개종한 이방인들을 위해 기록되었다면, 그들이 고대 유대의 역사에서 나온 예시들에 감동할지는 다소 의문스럽다.

'어떻게 건져내실지'. 이 부분은 오늘날 그리스도인들에게도 여전히 절실하고 이해할 수 있는 교훈이다. 2세기 당시 그리스도인들은 주변 세계로부터 여러 가지 압박, 박해, 그리고 큰 오해에 직면해 있었다. 그들은 유혹에 둘러싸인 선한 사람들을 건져낼 방법을 알고 계시는 주님을 기억하는 것이 필요했다.

그런 자들의 실체를 보여주겠습니다 (2:10-22)

¹⁰그분은 특별히 저급한 본성을 따라 온갖 더러운 일에 빠진 이들, 권위를 전적으로 경멸하는 이들을 심판하실 예정입니다. 이런 이들은 오만하고 주제넘게도, 보이지 않는 세계의 영광스러운 일을 아무렇지 않게 조롱합니다. ¹¹그러나 그들보다 힘이 센 천사들조차, 주 앞에서 그런 일에 대해 모욕하거나 헐뜯지 않습니다. ¹²하지만 잡혀 죽을 운명으로 태어난 이성 없는 짐승만큼 분별력이 없는 이 자들은 자기들이 인식할 수 없는 일을 조롱합니다. 분명히 그들은 부패해서 멸망할 것입니다. ¹³그들의 사악함으로 인해 그들은 불행한 종말을 맞이하게 되고, 철저히 대가를 치를 것입니다. 이들은 대낮부터 흥청거립니다. 그들은 더러운 점과 흠 같아서, 여러분의 저녁 식탁에서도 술수를 부립니다. ¹⁴늘 음탕한 눈으로 여자를 쳐다보고, 죄지을 기회는 놓치는 법이 없습니다. 그들은 마음이 불안

정한 이들을 유혹하며, 자기가 원하는 것을 얻어내는 기술을 오랜 기간 연마하여 매우 능수능란합니다. 이들은 저주 아래 태어나 [15]올바른 길을 저버리고 브올의 아들 발람의 옛길을 따라갔습니다. 그는 수지가 맞으면 악한 일도 마다하지 않았지요. [16]여러분도 기억하겠지만, 그는 그의 악한 짓에 대해 날카로운 책망을 받았습니다. 그의 사악한 광기를 책망한 것은 다른 무엇도 아닌 사람처럼 말한 당나귀였습니다! [17]이 자들은 물 한 방울 없는 우물과 같으며, 어지러이 소용돌이치는 먹구름과도 같습니다. 그들이 갈 곳은 칠흑 같은 어둠에 잠긴 흑암입니다. [18]그들은 과장된 허튼소리를 늘어놓으면서, 악한 벗들에게서 막 벗어나려는 이들을 저급한 정욕으로 자극하여 현혹합니다. [19]그러고는 자유를 약속하지요. 자기가 철저한 부패에 손발이 묶여 있으면서 자유를 약속하다니, 말이 됩니까! 사람은 무엇에든 굴복하면 노예가 됩니다. [20]우리 구주 예수 그리스도를 알아 이 세상의 더러움에서 벗어났다가 다시 그것에 얽매여 패배하면, 그들의 최후 상태는 처음보다 더 나빠집니다. [21]선한 길을 안 후 자기가 받은 거룩한 계명을 저버리기보다는, 아예 그 길을 알지 못하는 편이 더 나았을 것입니다. [22]그들에게 이런 옛말이 그대로 이루어졌습니다. '개는 토한 것을 도로 먹는다.' '돼지를 깨끗이 씻겼더니 거름더미로 돌아간다.'

이것은 실제로 유다서에 나오는 거짓 교사들에 대한 정죄의 내용을 좀 더 구체적으로 표현한 것이다. 어투는 고조되었고, 수사적이며, 과장되어 있다. 만약 이것이 무분별한 일반화에 빠지지 않고 '구체적인 사례에 근거'했었더라면 그 메시지는 훨씬 더 효과적이었을 것이다.

'발람'. 민수기 22장을 참고하라.

'물 한 방울 없는 우물'. 이는 유다서 12절과 13절을 더 선명하게 묘사한 것이다.

'그들의 최후 상태는 처음보다 더 나빠집니다'. 이것은 사실이며, 교회 역사를 통해 입증되어왔다. '타락한 그리스도인'은 복음을 갈망하고 동경하는 이방인보다 다시 복음에 다가가기가 훨씬 더 어렵다.

여기에는 다소 비관적인 뉘앙스가 담겨 있는데, 마치 사람이 결국 회심 이전의 본성으로 되돌아갈 수밖에 없는 것처럼 들린다. 그러나 그것은 어디까지나 하나님의 은혜가 무시되고 부정될 때만 피할 수 없는 결과일 것이다.

3장

자비로운 하나님은 최후의 날을 미루십니다 (3:1-10)

¹사랑하는 친구 여러분, 이것은 내가 여러분에게 쓰는 두 번째 편지입니다. 두 편지에서, 나는 여러분의 마음이 오류에 물들지 않도록 격려하려고 여러분이 이미 아는 내용을 다시 일러 주었습니다. ²여러분은 거룩한 옛 선지자들이 전한 말씀뿐 아니라 우리 구주께서 메신저들을 통해 여러분에게 주신 명령도 상기해야 합니다. ³먼저 마지막 때에는 분명히 냉소적으로 조롱하는 자들이 나타날 것이라는 사실을 깨달아야 합니다. 이들은 이기적인 이유로만 움직입니다. ⁴그들은 이렇게 말할 것입니다. "오신다는 분은 오셨느냐? 우리 조상들이 잠든 뒤로, 모든 것이 창조된 그대로인데!" ⁵그들은 옛적에 하늘이 있었다는 것과 하나님의 명령대로 땅이 물에서 나오고 물로 형성되었다는 사실을 일부러 간과합니다. ⁶그 당시 세상은 물에 잠

> 겨 멸망하고 말았지만, ⁷현재의 하늘과 땅은 역시 하나님의 명령대로 심판 날의 불과 사악한 자들의 멸망을 위해 면밀히 유지, 보존되고 있습니다. ⁸사랑하는 친구 여러분, 주께는 하루가 천년과 같고, 천년도 하루에 지나지 않는다는 사실을 잊지 말아야 합니다. ⁹그분은 어떤 이들의 생각처럼 자신의 약속을 지키지 않으시거나 미루시지 않습니다. 사실 그분은 여러분을 오래 참고 계십니다. 그분은 어떤 사람도 멸망하기를 바라지 않으십니다. 그분은 모든 이가 회개하기를 바라십니다. ¹⁰그러나 주의 날은 도둑처럼 예기치 못하게 닥칠 것입니다. 그날에 하늘은 격렬한 소리를 내며 사라지고, 원소들은 열기 속에서 분해되고, 땅과 그 위에서 벌어지는 일은 모두 사라질 것입니다.

'이것은 두 번째 편지입니다.' 우리는 이 편지의 기자가 지금은 유실된 이전 편지를 쓴 적이 있는지는 알 수 없다. 그는 베드로전서를 가리킨 것일 수도 있지만 달리 언급하지는 않는다. 이것은 어쩌면, 초대교회에서 오랫동안 의심을 받았던 이 편지에 베드로전서의 공인된 권위를 끌어와 정당성을 확보하려는 약간 의도적인 시도였을 수도 있다.

'상기'. 그리스도인들은 옛 선지자들의 참된 말씀뿐만 아니라, '우리 구주'의 기억된 혹은 기록된 말씀을 되새길 수 있다. 오늘날에도 그렇다. 이것이 바로 성경 읽기의 진정한 목표이다. 즉 믿음 안에서 마음을 일깨우는 것이다.

'메신저들'은 더 정확하게 '사도들'이 될 것이며, 이것은 편지의 저자가 '사도'가 아니며 이전의 가르침을 언급하고 있다는 것을 나타낸다.

'오신다는 분은 오셨느냐?' 신약 서신서의 많은 부분이 독자들에게 건강하고 선한 영적 생활을 하도록 강조하는 것은 그리스도의 재림이 임박했기 때문이다. 바울은 확실히 그의 초기 편지들에서 이것을 강조했다. 그러나 지금 '냉소적으로 조롱하는 자들'은 이 약속을 불신하도록 만들었다. 한 세대가 지나고 죽었음에도 여전히 재림은 이루어지지 않았으므로, 만약 그 약속이 성취되지 않는다면 다른 약속들 또한 믿을 이유가 없다는 것이다.

이 편지의 기자가 예수님 친히 하신 약속을 인용하지 않는 것은 이상하다. 왜냐하면 예수님은 분명히 그분의 재림에 대해 말씀하셨기 때문이다. 대신 그는 하나님은 인간의 시간 개념으로 시간을 헤아리지 않으신다는 점에 집중한다. 하나님의 지연처럼 보이는 것은 그분의 인내심과 죄인에 대한 정죄를 잠시 유보하시는 측면에서 이해할 수 있다.

대홍수의 물은 그에게 하나님의 심판의 한 예였다. 그러나 현재의 시대는 불에 의해 심판될 운명에 처해있다.

'원소들은 열기 속에서 분해되고'. 이것은 '핵 시대'에 사는 우리에게 섬뜩하고 불편한 예언적인 추측으로 생각될 수 있다. 그러나 이런 표현들은 '계시 문학'에서 꽤 흔한 것들이다. 두려운 홍수, 파괴적인 전염병, 그리고 모든 것을 소멸하는 최후의 불의 이미지는 이례적이지 않다.

영원한 세계가 있음을 잊지 마십시오 (3:11-13)

> ¹¹이 모든 것이 사라지고 만다는 사실을 아는 여러분은 어떤 이들이 되어야 하겠습니까? 마땅히 선하고 거룩한 사람이 되어 ¹²하나님의 날을 기다리며 그날을 위해 일해야 하겠지요. 그날에 하늘은 불이 붙어 해체되고 원소들은 타서 녹아버릴 것입니다. ¹³그러나 우리는 그분이 약속하신, 의가 회복된 새 하늘과 새 땅을 소망합니다.

이제 강조점이 바뀌었다. 선하고 거룩한 삶이 요구되는 이유는 그리스도의 확실한 재림(비록 도적같이 불시에 오겠지만) 때문만이 아니라, 현재 이 땅의 모든 존재하는 것들이 단번에 사라지기 때문이기도 하다. 이러한 상황은 불가피하게 다가올 것이다. 이 땅에서의 인간의 삶에 최종적인 소망을 두는 어리석은 그리스도인은 없을 것이다. 그리스도인은 인간의 삶 가운데 하나님의 나라가 임하도록 수고하고 기도하지만, 동시에 '새 하늘과 새 땅'이 올 것을 확신하며 기다린다.

마지막 충고 (3:14-16)

> ¹⁴사랑하는 친구 여러분, 여러분 앞에 이 같은 소망이 있으니, 그날에 여러분은 하나님과 화목하고, 그분 보시기에 온전하고 흠이 없기를 간절히 바랍니다. ¹⁵그때까지 우리 주께서 사람들을 구원하기 위해 오래 참으신다고 생각하십시오. 이는 친애하는 형제 바울이 하나님이 주신 지혜대로 여러분에게 쓴 편지에서 지적한 바와 같습니다. ¹⁶그가 이런 것을 언급할 때마다 모든 편지에서 이렇게 씁니다. 그의 편지에는 이해하기 어려운 부분이 있습니다. 무지하고 굳세지 못한 이들은 [성경의 다른 부분에서 처럼] 그 부분을 곡해하여 스스로 재앙을 부릅니다.

바울이 로마서 2:4에서 강조한 것처럼, 하나님의 인내는 우리의 구원을 위한 것이다. 또한 에베소서 1:14, 2:7, 3:9-11을 참조할 수 있는데, 이는 특히 아시아의 교회들을 위해 기록된 것으로 간주할 수 있다.

'이해하기 어려운 부분'. 고대에는 때때로 불명확함을 미덕으로 간주했다. 왜냐하면, 오직 고된 노력만이 가르침의 비밀을 밝혀줄 수 있었기 때문이다. 그러나 무지하고 편견이 있는 사람들이 얄팍하고 잘못된 정보를 바탕으로 해석할 위험은 항상 존재했다. 이런 잘못된 이해는 재앙으로 이어질 수 있다.

'그가 씁니다'라는 구절에서 현재형이 사용되었다고 해서 바울의 편지가 이미 성경으로 받아들여졌다는 의미로 해석해서는 안 된다.

발 디딜 곳을 잃어버리지 마십시오 (3:17-18)

> ¹⁷그러나 사랑하는 친구 여러분에게 미리 경고하니 이 부도덕한 자들의 오류에 휩쓸려 발 디딜 곳을 잃어버리지 않도록 각별히 조심하십시오. ¹⁸오히려 여러분은 마땅히 우리 구주 예수 그리스도의 은혜와 지식에서 자라야 합니다. 지금부터 영원의 날까지 그분께 영광을 돌립니다!

'부도덕한 자들의 오류'. 주후 2세기 그리스도인들의 '발 디딜 곳'은 그리스도와 사도들의 가르침이었고, 이제는 교회의 가르침으로 구체화되었다. 그리스도인들은 이 기초에 충실해야 하고, 사람들의 오류에 휩쓸리지 말아야 한다. 개인적인 견해로는, 오늘날에도 우리는 이 경고를 주의해서 들으며 새길 필요가 있다.

'은혜와 지식에서 자라다'는 그리스도인이 성숙해가는 과정의 기쁨을 묘사한 구절이다.

마가복음 베드로전후서 강해

초판 1쇄 발행 2025년 10월 13일

지은이 J. B. 필립스
펴낸이 정선숙

펴낸곳 협동조합 아바서원
등록 제 274251-0007344
주소 경기도 고양시 덕양구 향동로217 DMC플렉스데시앙 B1523호
전화 02-388-7944 **팩스** 02-389-7944
이메일 abbabooks@hanmail.net

ⓒ 협동조합 아바서원, 2025

ISBN 979-11-90376-91-4 (93230)

"너희는 다시 무서워하는 종의 영을 받지 아니하고 양자의 영을 받았으므로 우리가 아빠(아바) 아버지라고 부르짖느니라"(로마서 8:15)

잘못 만들어진 책은 구입한 곳에서 교환해 드립니다.